"一带一路"倡议

通往发展主导的全球化之路

[泰国]素帕猜·巴尼巴滴 著

朱江芹 译

石油工业出版社

图书在版编目(CIP)数据

"一带一路"倡议:通往发展主导的全球化之路/(泰)素帕猜·巴尼巴滴著;朱江芹译. —北京:石油工业出版社,2019.12

ISBN 978-7-5183-3797-2

Ⅰ.①一… Ⅱ.①素…②朱… Ⅲ.①"一带一路"-国际合作-研究 Ⅳ.①F125

中国版本图书馆CIP数据核字(2019)第275743号

"一带一路"倡议:通往发展主导的全球化之路
[泰国]素帕猜·巴尼巴滴著

出版发行:石油工业出版社有限公司
　　　　　(北京朝阳区安定门外安华里2区1号楼　100011)
　　　　　网　　址:www.petropub.com
　　　　　编辑部:(010)64250921
　　　　　图书营销中心:(010)64523633
经　　销:全国新华书店
印　　刷:北京中石油彩色印刷有限责任公司

2019年12月第1版　2019年12月第1次印刷
880×1230毫米　开本:1/32　印张:8.25
字数:180千字

定价:88.00元
(如发现印装质量问题,我社图书营销中心负责调换)
版权所有,翻印必究

作者简介

素帕猜·巴尼巴滴（Supachai Panitchpakdi），1992—1995年，任泰国副总理；1997—2000年，出任泰国副总理兼商务部长。他在制定泰国经济政策、对外贸易政策方面发挥了重要作用，掌舵泰国经济抗击了亚洲金融风暴。

2002—2005年，担任世界贸易组织（WTO）总干事，素帕猜是第一位担任世界贸易组织总干事的亚洲人，在任期间，他工作出色，尤其在推动多哈回合进程方面政绩卓著，为发展中国家的经济发展和推进联合国"千年发展目标"的实现做出了贡献，恪守了他上任伊始的承诺，"为发展中国家谋求平等贸易权益"。素帕猜对中国十分友好，他曾多次称赞中国在入世之后的表现，在2002年，素帕猜还专门出版了一部关于中国入世的书：《中国与世贸组织：改变着中国，也改变着世界贸易》。

2005年5月，第59届联合国大会任命素帕猜为联合国贸易和发展会议（UNCTAD）秘书长，同年9月1日正式就任，任期为4年。2009年9月1日由联合国大会一致确认，联合国贸易和发展会议秘书长素帕猜获得连任，开始了他的第二个四年任期，任期至 2013 年。

2012 年，他被东盟（ASEAN）授予"经济、社会科学和文化领域中最杰出成就个人奖"。

2018 年至今，担任孟子公益基金会（The Mencius Foundation）顾问委员会主席。

素帕猜在 2018 年 GMS 物流第一届国际会议上发表演讲

素帕猜参加东方文明——2017 年孔孟基金会"合作与共享"主题论坛

素帕猜参加德国亚太商业协会

素帕猜新书在泰国出版

中国石油委内瑞拉项目英特甘博油田马拉开波湖上钻井平台

中国建设者建成的阿曼库苏高速公路

巴基斯坦瓜达尔港

土库曼斯坦阿姆河气田天然气处理厂

中缅油气管道澜沧江跨越管道焊接现场

亚马尔LNG项目萨别塔港停泊在码头上的货轮正在卸运物资

中国石油里贝拉项目

中国石油印度尼西亚 ABUNG LPG 综合处理厂

中缅油气管道南塘河大峡谷施工段现场

中国铁路国际公司承建的拉合尔橙线轨道交通项目

匈塞铁路施工现场

寰球炼油厂项目

中老铁路施工现场

目 录

第一章

001　**从 2008 年阿克拉联合国第十二届贸易发展大会到 2017 年达沃斯会议**

003　全球南方和中国的崛起
012　阿克拉贸易发展大会和发展全球化
019　弱化国际经济治理
027　东方和西方：二者终将相遇

第二章

035　**全球化的转变历程**

037　全球失序带来的经验教训
045　全球新政回归
050　多哈发展议程：最后一轮贸易谈判
061　多边主义的退出和西方的衰落

目录

第三章

- 089 **亚洲经济实力再度崛起**
- 091 亚洲的崛起和贸易开放
- 105 "亚洲奇迹"及其挑战
- 131 亚洲区域一体化的潜力

第四章

- 149 **"一带一路"倡议：21世纪的丝绸之路**
- 151 "一带一路"倡议：命运共同体
- 161 "一带一路"倡议战略走廊
- 182 与中国经济区的联系
- 189 反对倡议的声音

第五章

- 203 **"一带一路"倡议和包容性的全球化**
- 205 缺乏"仁爱"全球治理急需"一带一路"倡议
- 208 "一带一路"倡议给全球化发展带来支持

- 234 **附录：词汇表**
- 242 **参考文献**

第一章
从2008年阿克拉联合国第十二届贸易发展大会到2017年达沃斯会议

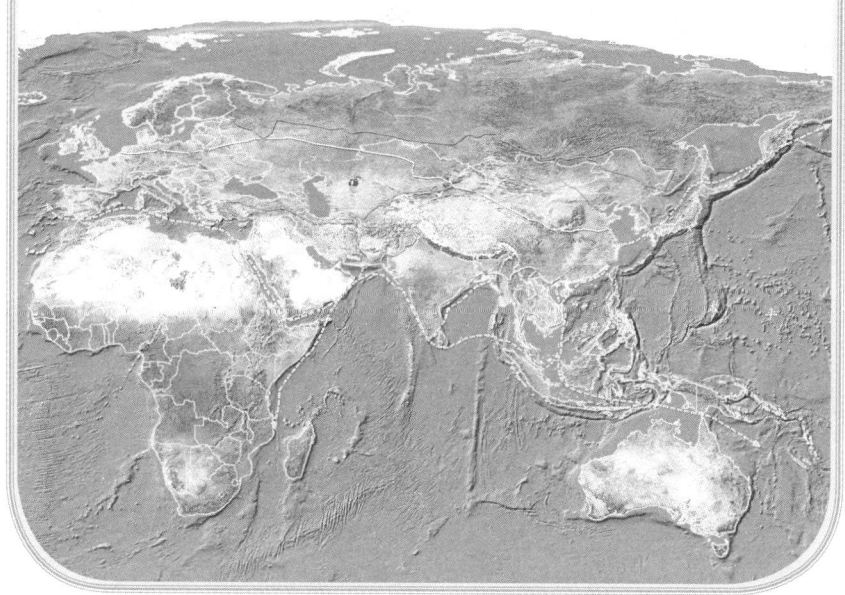

全球南方[1]和中国的崛起

当今世界性问题不胜枚举,如密云不雨。其中,全球化退潮的表面下暗流汹涌,最为棘手。虽然全球化通过通信、贸易和技术等种种渠道让整个世界"同呼吸",但各地并未实现公平合理的互利共赢。然而,全球化进程仍给各个经济体提供更多机会参与日益活跃的经济活动:通往世界各个角落的贸易路线拉动全球贸易和投资额的指数增长;在美国金融管制过松导致2008年经济大衰退前,全球贸易增速超过产量增速三到四个百分点。在过去的几十年里,发展中国家的平均经济开放程度翻倍,出口在其国民产出的比重从10%增加到20%以上。

毫无疑问,中国从2001年加入世贸组织(WTO)到经济衰退前一直是全球化最大的受益国之一。2011年,史蒂芬·罗奇[1]在他的报告中曾这样描述中国令人惊叹的经济转型:

"中国经济自20世纪80年代初起飞后,中国在世界贸易的份额增加了八倍。根据国际货币基金组织(IMF)的数据,与以下

---

① 指发展中国家。

地区在类似发展阶段相较，中国比亚洲新兴工业化经济体（韩国、中国台湾、中国香港和新加坡）的平均收益增长快50％，其收益比主要东盟国家（印度尼西亚、泰国、菲律宾和马来西亚）收益高三倍，比日本高四倍多。"[2]1978年，中国拉开了改革开放的序幕。通过七年多的艰难谈判，中国最终得以加入世贸组织。中国签订的入世协议条款相当苛刻，对中国农业改革尤为如此。协议不但要求中国阐释其法治基础的合理性，更规定中国贸易政策必须接受世贸组织为期八年的强制审议。尽管如此，入世仍加快了中国沿海（如上海和广州）、内陆（如重庆）和长江下游城市的改革步伐。作为世贸成员国之一，中国坚持改革方向不动摇，通过向国内外竞争对手开放经济，推进全面转型，从而不断深化经济体制改革。

虽然当时对中国经济何时能从入世实际获益并未达成真正共识，时任商务部副部长龙永图带领的谈判小组仍竭尽全力确保中国会逐步调整自身以适应入世。在我和马克·克利福德合著的书中写道：中国入世后面临的挑战形势严峻，"虽然这些挑战可能对很多中国企业来说如大敌当前，但江泽民主席和朱镕基总理的入世决策反映出的观念是：国内改革需要入世带来的外部压力。在中国领导人眼中，中国入世最重要的原因是确保继续开展国内改革。成功履行WTO的标准非常符合中国的国内利益，虽然这似乎违反常理,因为世贸组织的主要作用是确保贸易按照国际公认的规则发展,但中国却希望引入一个基于规则的体系以稳固国内改革。"[3]

尽管中国领导层咬紧牙关接受了加入世贸组织附加的种种条件,中国却仍被打上"非市场经济"烙印。鉴于其他类似经济体已获得所谓的市场经济地位,此举不仅聚讼纷纭,更令中国难以接受。非市场经济地位使其在面临倾销指控时无法以国内定价机制为参照进行辩护,因而成为反倾销案件的活靶子。虽然中国非市场经济地位的议定期限为入世后15年,且现在期限已过,但美国和欧盟仍视中国为非市场经济体。入世仅十余年,中国便从世界第七大出口国跃升为世界第一大出口国。披荆斩棘,逆水行舟,瞩目成就来之不易。

入世种种制约迫使中国进行国内改革,而金融改革最为关键。中国的银行体系由规模庞大的数家国有银行构成,与市场经济国家的银行体系相比还很落后。中国领导层正是通过对金融体系的管控才使经济屈从人愿。虽然中国拥有现代化的银行体系,但部分做法令人质疑,这些问题——如最近影子银行引发的纷争——困扰着国内金融机构。面临此类问题,中国在应对需求紧缩带来的全球影响时,已经能够更迅速有效地利用银行系统来刺激经济。银行贷款依然是中国政府资助项目的主要融资来源,而这些项目有助中国经济年增速保持在6%至7%左右。

尽管中国在其他领域尝试推行更为自由的财政措施，但其在经济领域一大成就是国际货币基金组织在 2016 年接受人民币加入特别提款权（SDR）货币篮子，其中人民币占比为 10.92%，美元占比 41.73%。货币国际化是一个渐进的过程，但肯定是经济全面改革的一大关键支柱。中国经济的渐进改革对人民币国际化起到了很好的作用，因为中国可以按照自己的步调，保持完整的政策空间，并将受到的干扰减到最小。这与约瑟夫·斯蒂格利茨评论全球化时提出的建议不谋而合："全球化本身无所谓好坏，但能为东亚国家带来巨大好处。对那些能够按照自己的条件和步调拥抱全球化的国家而言，全球化已经很有益处。"[4]

在与全球市场接轨的过程中，中国成功调动了巨额的外国直接投资。中国入世后，中国官员乐观估计，无需几年外国直接投资的流入额将飙升到至少 500 亿美元，实际情况果然如此。因为中国迅速成为仅次于美国的第二大外国直接投资目的地，平均投资额往往超过 1000 亿美元。外国投资以及大量的国内储蓄主要流向以出口为主的制造业。中国制造业得益于较低的劳动力成本和合理的货币支持，推动中国成为全球主要的出口枢纽。世贸组织成员国的身份给中国带来基于规则的支持，中国出口呈指数增长，使中国成为全球化驱动的生产网络的发电所。源自西方企业的供应链的出现，加之亚洲内部贸易网络优势，使东亚地区出口驱动型的经济体在 2008 年全球经济衰退前长时间保持约 6% 的年增速。这些国家吸取1997—1998年亚洲金融危机的教训,竭力避免再次掉入同样的陷阱,或是落入国际货币基金组织破坏性制约的漩涡中,通过维持具有竞争力的出口导向政策,实现了巨额国际收支盈余。

东亚地区国际储备已增至空前数额,占比超过世界总量的3/4。亚洲经济体利用供应链、大量投资、人力资源来升级生产力和保持竞争力水平。不过与此同时,不断变化的全球经济环境迫使这些国家进一步研究扩大改革的必要性。

(1)出口导向型的发展政策可能促进了经济的增长,但出口依赖型地区的飞地①开始超越其他竞争力较弱的地区,导致国内收入差距不断扩大。

(2)廉价的劳动力成本带来的出口竞争力导致收入在国民收入中的份额缩水,这不仅表明收入不平等,也说明缺少支持经济正常增长的合理的国内需求。

(3)在霸权国家主宰的世界里,亚洲发展中国家虽然在出口竞争力上占优势,但很容易成为牺牲品——被愈发无力掌控国际贸易体制的发达经济体指控实行扭曲的出口鼓励政策。

(4)在2008—2009年经济大衰退后,随着世界经济产出和贸易增速放缓,开放的亚洲经济体因极其依赖外贸,导致增长下滑,

---

① 飞地:指隶属于某一行政区管辖但不与本区毗连的土地。

所以更加依赖国内不可贸易商品的生产。

（5）发达经济体在大衰退后采取扩张性货币和财政政策，包括大规模的量化宽松措施，导致发展中国家财务动荡，主要为不必要的货币升值，失去外部竞争力。

（6）西方经济体惯常使用的一个便利借口就是在新兴经济体的门口不公正地指责这些国家所谓的过度储蓄导致全球金融失衡。

总而言之，后华盛顿共识似乎想建立一种新范式，即顺差型新兴经济体应该从出口推动转向更平衡的国内需求制造，以帮助调整成熟工业国家的经济失衡，这不免令人费解。如果成熟经济体能从改革自身代价昂贵、负债累累的社会制度入手，效果可能会更好，此举能减轻劳动力市场的刚性，带来更多促进储蓄的政策，同时允许国际劳动力更大的流动性。新兴市场经济体应推进其国内需求的开支，尤其是在扩大和加深社会保障的覆盖面和投资人力资源、技术研发和环境提升等的支出。这些经济体不应完全转向国内而忽视对外部门的发展。

为指导未来的政策方向，以适应新的全球环境并为中国的未来带来启发，中国政府与世界银行组成联合研究小组，首次于2013年做了一份很有意思的报告——《2030年的中国：建设现代、和谐、有创造力的社会》。[5]报告避免对一些关键的意识形态问题（如国家主导或市场支配）做出直接的判断，不过对新战略的核心组成部分的战略性重大挑战和方向提出了指导性意见。

第一个新战略方向与政府、国家和企业的恰当角色相关。报告传达了两个关键点,即:应鼓励和加强竞争,特别减少进入和退出障碍;需要进行国有企业和银行改革,使其适应现代市场经济的条件,并允许其在市场上和民营企业竞争。

第二,鼓励全面创新并采用"开放的"创新体系,与全球研发网络相连接。尽管中国的研发投资相对较大,但要确保研发投资能产生出具有商业可行性的创新,以便支持中国企业提升价值链地位。

第三,中国经济应该采取"绿色增长"方针。报告强调绿色发展是潜在地成为新型增长的重要机遇。从联合国的角度来看,这等同于将经济转向包容性发展的路径,这后来被确定为联合国的可持续发展目标。

第四,提高全民的机会均等和社会保护。提高机会均等在很大程度上有利于改善农村居民、城市农民工、内陆地区贫困人口获得的公共服务质量。对于中国而言,这意味着将增长和发展的重点从依赖出口的沿海地区转移到西部和北部内陆地区。因此,中国决定通过全面转变政策实现重心转移,例如强化与中亚西部地区的经济联系,以建立从中亚进入欧洲的基础。这预示着中国将发力为基础设施开创新的融资渠道——包括亚洲基础设施投资银行(AIIB)等。强调平等和包容性的发展成为"一带一路"倡议的基石。

第五,建设一个可持续的财政体系,以应对未来 20 年的公共财政挑战。报告提到三个主要挑战：要使财政体系有能力应对宏观经济冲击和增长的长期下调；要适应新的公共支出需求，这一需求与采取的新发展战略相关；财政体系要具备透明度并负责政策调整。由于世界各地金融制度持久的不平衡状态，预计全球经济不确定性会持续存在，所以中国和其他新兴经济体将不得不保持足够的财政空间来应对动荡。除了银行体系外，近年来建立的各种融资机构就是这一战略防范的结果。

第六，与世界其他国家发展互惠互利关系。值得注意的是，报告明确指出："中国仍需加强与全球市场的融合，即使中国经济转向以内需拉动增长。未来的经济融合或将存在自身风险，开放市场所获得的收益将集中用于提高效率、刺激创新、加强国际竞争力。"[6]

总之，任何一个发展经济体要跃过不发达的障碍，必须学会用"低干涉"引导新的增长方向，与此同时用最有效、最包容的方式让市场机制向前发展。与其他所有发展中国家相比，中国肩负额外的人口重负。中国必须将几亿人转移出农业的部分原因在于入世协定要求中国农业部门合理化，还有可耕地的限制，同时中国还必须将失业率保持在最低水平。增长率曾经是中国成就的主要标志，所以不能让增长率骤减，只能逐步探底，要给时间让制造业部门吸收劳动者。因此，大量投资基础设施成为保持经济增长、让工人就业受益的一种经济手段。正如建屋发展曾是新加坡早期发展阶段的传统工具，现在，建造公路、铁路、水路和发电厂也成了中国初期发展的战略支柱。因此，对中国领导人而言，在发展后期阶段继续实施这些举措，重新诠释丝绸之路的现代含义，都是推进包容性发展议程必要的、行之有效的手段之一。

毫无疑问，加入世贸组织这一多边机构有力支持了中国出口导向型发展战略，2010年，中国超过德国成为世界第一大出口国，速度远超任何人的预期。不过从纯粹的实用主义角度来看，正如世界银行在《2030年的中国》报告中所描述的一样，中国领导层完全清楚这种模式的局限性。这个认识多年来一直是中国政策论述中的重要话题。2007年国务院总理温家宝公开谈到对中国经济不均衡的担忧时，生动地描述中国经济为"不稳定、不平衡、不协调、不可持续"。这一描述实际上反映了经济中所有的主要差异，从收入差距、治理分裂到能源过度消耗和环境退化。

阿克拉贸易发展大会和发展全球化

2008—2009 年经济大衰退后,世界各地经济增长乏力,贸易投资活动疲软。虽然人们逐渐意识这种"新常态"的全球经济形势带来了压力,不过在美国次级抵押贷款导致经济衰退前,联合国贸易和发展会议(UNCTAD)就一直对全球化能带来的希望表示担忧,这些希望至今尚未完全实现。当中国领导人提到经济发展不平衡的问题时,2008 年在阿克拉举行的第十二届贸易发展大会[7],确实对一些需要在全球层面进行面对面讨论的关键问题表明了立场。这一立场使得推动全球化的努力比以往更加朝着发展的方向发展。大会强调了七个问题。

(1) 全球化开始转向南半球,更多的发展中国家参与到这一过程中来。通过新兴全球生产网络,南南贸易持续上升,覆盖过半的全球贸易。通过增强互补性和扩大贸易等方式,进出口商品多元化显著提升、贸易明显改善。特别是自从新千年以来,区域内部和区域之间的贸易迅速发展。由于亚洲区域内的贸易在亚洲地区的南南贸易中的占比超过 80%,亚洲在全球化进程中的作用凸显。与此同时,亚洲和非洲、拉丁美洲的贸易激增,主要原因在于亚洲对能源、食品和工业原料的进口需求以及亚洲对其他发展中国家制造业产品的出口。

中国是南南贸易扩张的主要推动力,东盟成员国也是潜在的区域内和区域间贸易的推动力。就此来看,在新千年开始之际出现并被中国在2013年采用的"一带一路"倡议(BRI),作为重新连接原有贸易路线、经济关系和商业网络的新平台,可以看作是对新一代全球化"朝南"转向的重申。由于投资是"一带一路"倡议的重要组成部分,第十二届贸易发展大会表示,新的南北关系的一大特点是发展中国家成为重要投资目的地。贸易发展会议一直在通过管理成员国之间的贸易谈判来大力支持南南贸易,以实现2011年签署的普及特惠税制度(GSTP)协定,该协定能大幅减少发展中国家之间的关税。根据"一带一路"倡议,应该及时修改和更新普惠制协定。

(2)第十二届贸易发展大会提到,能源是经济发展的最重要推动力之一,在全球化、贸易增长和数字革命的背景下尤为如此。预计到2030年,发展中国家对能源的需求将占世界能源总需求量的近一半。值得注意的是,大多数发展中国家的生产结构依然很依赖化石燃料。同样单位的产出,能源消耗是发达国家平均水平的两倍。石油价格持续大幅波动,从2008年暴涨到每桶150多美元,到2014年暴跌至每桶30美元,地缘政治因素更强烈地影响和加剧了石油价格的波动。第十二届贸易发展大会指出,可再生能源的多样化是国家、区域和全球各级经济和环境可持续性发展的当务之急。

能源效率标准的广泛采用将影响贸易商品和服务的生产和加工方法,从而影响发展中国家的贸易竞争力和生产能力。虽然能源安全目前仍是老生常谈的话题,但其对"一带一路"沿线地区一体化努力的影响不应被忽视,因为现代丝绸之路沿线的基础设施枢纽可能会占用石化企业的大量投资,而这些投资必须考虑更现代化、更高效的能源组合。彼得·弗兰克潘在其著作《丝绸之路》中指出:"从东到西,丝绸之路正在重新崛起。"这次崛起最重要的原因是国家资源。弗兰克潘表示:"垄断波斯、美索不达米亚和海湾地区的资源是第一次世界大战期间的优先事项,为获得历史上最高奖的努力从此主导了西方世界对这些地区的态度。如果有什么不同的话,如今的资源规模比威廉·诺克斯·达尔西首次发现的更大:仅里海已探明的原油储量加起来就接近整个美国原油储量总和的两倍。"[8]

(3)自然人的流动已成为全球化过程的一部分,不过尚未得到有效监管。由于发达国家和发展中国家在劳动力、投资、运输、通信技术互补性日益增强,世界各地不难获得性价比高、竞争力强的劳动力,因此劳动力融合和流动的机会不断增加。第十二届贸易发展大会就劳动力迁移提出了令人信服的几个观点:汇款是稳定的资金来源(事实上,目前汇款是政府开发援助额的两倍多）；这是多哈回合关于服务谈判模式4（非技术劳工流动）的一个有意义的结果，旨在便利人员临时流动。

由此引发的对国际移民政策的关注实际上早于最近欧洲的移民危机，后者是英国脱欧的关键原因之一。另一个更强的呼声是要求让技术工人自由流动，因为管理良好的移民流动可以缓解国际收入不平等带来的影响。我们知道，最初的丝绸之路不仅是运输货物的通道，也是博学人士在旅行中传播思想和宗教信仰的场所。"一带一路"有望能够重新点燃他们在现代丝绸之路上的灯塔。

（4）第十二届贸易发展大会注意到贸易和服务业呈指数增长。服务业占发达国家就业的70%以上，在发展中国家约占35%。显然，改善服务经济对提高初级产品和制成品出口的生产业绩和国际竞争力至关重要。由于服务业涵盖了从物流到法律、教育、金融、电力等广泛领域，因此很容易影响产品的运作方式和供应链的主渠道。成熟的金融有助于改善公司获得信贷的机会，并可能降低财务成本。

新兴的数字经济和电子商务以越来越有效地为消费者服务的方式重塑了零售业务。电网决定制造业的可能性，而光纤提供了快速的信息流和更大的市场效率和机会。第十二届贸易发展大会的主要关切点是服务部门的发展以及服务贸易的潜力尚未被许多发展中国家完全开发。多哈回合贸易谈判为发展中国家在有利的领域实现服务贸易自由化提供了一个重要的途径，特别是模式4，其中包括自然人的自由流动。在多哈发展议程缺乏进展的情况下，引入"一带一路"倡议可能有助于在如商业活动、国外消费和自然人的流动等领域启动部分展服务模式。

（5）创建贸易发展会议的部分原因在于担忧发展中国家可能会因严重依赖商品贸易而陷入贫困陷阱。仍有90多个发展中国家出口收入的50%以上来自初级商品。商品贸易的持续不平衡阻碍发展中国家充分利用自己在贸易中的竞争地位。一些发达国家在国内支持贸易扭曲，过度补贴出口，从而长期造成价格扭曲，破坏了发展中国家的出口机会。棉花就是一个突出的例子。非洲贫穷的棉花生产国由于发达国家实施大规模贸易扭曲措施而损失惨重。

因此，尽管包括中国在内的新兴市场经济体的需求不断上升，但商品价格的严重波动还会持续下去。从长远来看，价格下跌的情况仍会多于价格上涨，因为贸易条件并不利于生产国。第十二届贸易发展大会的结论是，与商品有关的问题亟待多边层面充分解决。与2008—2009年全球经济衰退相关的过度金融化问题也影响了商品贸易，因为商品期货已成为金融资产的一部分，受到大量投机的影响。

由于依赖商品的贫穷经济体负债越来越重，因此他们会长期受制于商品贸易周期。解决这些经济问题的方法是让产品朝着更多元化的方向发展，攀爬价值链的阶梯。通过"一带一路"基础设施将发展中国家连接起来，可能是为这些经济体创造更多机会来弥补外汇短缺的另一种手段。

为使全球化服务于发展，阿克拉贸易发展会议提到环境和气候变化带来的挑战。环境可谓是一种重要的全球公共产品，而环境与贸易和发展之间的相互联系是全球化进程的一个核心组成部分。全球化要想促进可持续发展，就必须产生保证环境的可持续性和有利于扶贫的贸易流动。污染性出口工业和以下几个方面有关：将污染工业从原产国转移到外国，直接投资所产生的制造业；拥有矿场的商品出口国可能会使矿区土地贫瘠，不适合耕种；宽松的环境法规放松对生产环境标准监测，以农业生产为幌子的外国投资者抢夺土地的现象在许多发展中国家普遍存在。

（6）第十二届贸易发展大会提到了供应链的后果——供应链往往使较小的国家和生产者边缘化，将其束缚在供应链最底端。这与扶贫发展战略相悖，同时剥夺了需要支持性交易的群体（尤其是小农户）的机会。通过提供有机农业、中药材、重新造林和生态旅游等领域的新的替代品可能会带来绿色投资，提高这些国家在价值链上的地位。

（7）技术和创新是阿克拉会议的另一个关键议题。虽然我们今天所看到的数字时代的黎明尚未破晓，但大会注意到信息和通信技术（ICT）在分解全球增值链和转移部分生产到不同地理位置方面起着关键作用。当前，数字革命及其带来的颠覆以指数速度蔓延和加深。随着世界从传统的用有形手段进行生产的方式，迅速转变为更多以信息和知识为基础的生产模式，发展中国家很难跟上知识和信息这一推动全球化的关键因素的发展速度。关键人力资本的增加在保持较穷国家的竞争力、防止收入进一步恶化方面更具决定性。教育必须与研发和创新进程更好地联系起来。

除了教育，全球化促进发展的另一个关键挑战是找到最佳的方法进行有效的技术转让，为较穷国家提供更多支持。关于如何实现技术转让一直争议激烈。有不同的障碍需要克服，仅举几个例子：需建立一个严密的知识产权保护制度；发达国家愿意将转移过程交给市场，而不是由政府协助；如何加强协同技术转让而不会导致任何技术盗窃指控。因为大多数接受外国直接投资的国家，按规定需按照外国投资者的要求在建立研究机构或培训劳动力方面做出一定让步。

正如本文之前提到的，思想、文化和技术也曾沿着古丝绸之路传播。现在的问题是如何更有效地利用"一带一路"倡议所体现的现代丝绸之路来实现类似的功能。

弱化国际经济治理

随着时间的推移,越来越多的国家参与全球化进程,因此多层面的全球化进程将变得更加清晰。从 2008 年阿克拉贸易发展会议到 2018 年达沃斯世界经济论坛,有几个事件标志着全球化面貌的变化,其中,2008—2009 年的经济危机标志着政府政策和国际经济治理的根本改变。

第一,"有效市场假说"受到质疑。这种意识形态在 20 世纪 70 年代得到认真对待和支持,当时世界银行和国际货币基金组织将"华盛顿共识"付诸实施。这一共识强调金融和资本市场的快速自由化、国有企业的私有化以及政府职能最小化。但"华盛顿共识"的理念从未真正得到联合国发展经济学家的支持。诺贝尔经济学奖获得者约瑟夫·斯蒂格利茨强烈反对该共识:"在世界银行对经济转型十年历史的回顾中,很明显在没有体制基础设施(如公司治理)的情况下,私有化对增长没有积极的效果。'华盛顿共识'再次证明预测错误。"[9] "在世界银行和国际货币基金组织,这些新的见解——更重要的是它们对经济政策的影响——遭到了抵制,就像这些机构拒绝研究东亚的经验一样,东亚并没有遵循'华盛顿共识'的政策,其增长速度超过世界任何其他地区。"[10]英国前首相戈登·布朗曾在经济大衰退后表示"华盛顿共识"已死。

第二,关于政策空间的争辩通常围绕贸易谈判进行,协议往往会限制各国采取和自己需求有关的某些政策的自由度。由于发展中国家要执行可能需要更大配套的战略,政策空间问题同样重要。例如,贸易协定可能必须考虑某些发展中国家的需要,向其农业部门提供支助,使其在国民产出中所占份额相对较大。也要给最不发达国家更长的时间来执行与贸易有关的知识产权协定。世界贸易组织2003年为最不发达国家商定了加入该组织的特别优惠。

关于政策空间的问题,一段时间以来一直存在争议。当时发达国家以选择退出协议为借口拒绝给予欠发达国家此类优惠。但随着经济衰退逐级冲击,即使是工业化国家也不得不在政策空间方面采取多项措施。特别是金融机构和一些行业不仅得到补贴以维持生存,而且还注入国有股份,转化为国企。遭受经济活动严重衰退打击的公司获得特权,使其免受来自国外的竞争。因此,危机发生之际,即使发达经济国家也需要一定的政策空间,才能得以喘息。全球化似乎在这方面产生了平衡效应。

第三,事实上,亚洲国家,尤其是中国,是2008年以来第一批走出经济危机深渊的国家。有几个原因可以解释这一惊人的壮举。一是大多数亚洲国家吸取了1997—1998年金融危机的惨痛教训,从而更加谨慎地对待过度金融投机。1998—2008年,亚洲成功地积累了世界上最多的外汇储备。同时亚洲也抵制住了诱惑,没有完全遵守"华盛顿共识"在金融领域自由化。

另一个或许更有力的解释是亚洲经济体的制度特征。尽管这些经济体大多不是计划经济,不过它们大多采用的发展框架像是一种有计划的战略。马来西亚的"2020年宏愿"和泰国的"五年国家计划"就是范例。此外,亚洲的发展模式基本上是基于这样一种信念:国家指导的产业政策将有助于工业化顺利进行。这样的政策结合了市场机制和国家规划。用张夏准教授(Ha-Joon Chang)的话来说,就是"市场的出现几乎总是国家故意设计的,特别是在资本主义发展初期。"[11]张夏准教授还提到了卡尔·波兰尼的经典著作,认为即使在英国,市场经济本来是自发出现的,但政府干预却在这个过程中起了至关重要的作用。

战后无处不在的公共干预再次激起了人们去了解国家在市场经济中作用的兴趣。有人强烈反对所谓的私有化利润和社会化损失,认为这是资产负债表危机带来的结果。但就亚洲而言,国家指导体现在产业政策的实践中。这种国家导向战略的问题在于它没有明确的界定,因为这不应该是一个影响整个行业、无所不包的战略。实际上,产业政策不应过于笼统,否则会失去重点并进而失去效力。因此,政策应针对特定行业(例如日本的汽车业、韩国的电子业、泰国的农产品加工业、印度尼西亚的棕榈油业、阿根廷的畜牧业和巴西的制糖业），以实现最适合本国的发展战略。

产业政策概念在大衰退后更被赋予了深层次的含义，不单单是因为市场资本主义不受约束的作用需要重新审视，也因为产业政策与部分亚洲经济体应对全球化的现代手段高度一致。

随着越来越多的亚洲国家正在以不同的形式——如区域或次区域——尝试区域一体化，国际生产网络或原有供应链的盛行会使产业政策更具有战略的必然性。

为使生产结构升级到更高的科技水平，中国颁布了《中国制造2025》，体现了亚洲现代发展的战略模式。

泰国东部经济走廊（EEC）开发区体现了泰国政府在大规模投资基础设施、提供有吸引力的招商引资方面所做的努力。吸引投资者投资政府指定的涵盖生物农业、生物医药和生态汽车等领域的十种关键高科技产品。该经济特区的有趣之处在于它计划与中国的"一带一路"项目建立联系。

第四，随着贸易、投资、环境等领域出现越来越多治理国际经济关系的国际承诺，发展中国家必须不断调整以适应越来越偏袒发达国家要求的不断变化的国际制度。虽然阿克拉贸易发展会议强烈呼吁重视全球化对发展的挑战，但与此同时，全球治理的发展方向却限制发展中国家的政策空间。尽管联合国一直试图通过实施千年发展目标（2000—2015年）中的目标8——全球合作促进发展，来培养全球治理，但该目标尚未得到发达国家的热情支持。在由约瑟夫·斯蒂格利茨教授担任主席的联合国大会国际货币和金融体系改革专家委员会所做的报告中（简称《斯蒂格利茨报告2009》），提出的主要建议是改革全球经济治理。报告提到，无论是七国集团（G7）还是2008年后成立的二十国集团（G20），都不是足够有包容性的、能应对全球系统性挑战的全球指导小组。报告认为，G20虽然有广泛的基础，但仍不能代表其余172个国家。报告指出："未来任何治理模式的形成都必须确保包容性并能充分代表发展中国家，包括最不发达国家。必须促进互补性和一致性，并在现有论坛和新论坛之间建立联系。"[13]

《斯蒂格利茨报告2009》提议建立全球经济协调委员会的长远目标。联合国安理会应发挥作用，促进发展，确保主要国际组织的政策、目标的一致性，并支持政府间达成一致，以达成解决全球经济、社会和环境治理的有效解决方案。可惜该提案不幸夭折，因为联合国部分主要成员拒绝进一步讨论《斯蒂格利茨报告2009》。唯独二十国集团仍在继续努力达成全球政策问题的共识，不过收效甚微，而其议程或多或少受到了国际货币基金组织及联合国通过联合国开发计划署办公室施加的影响。发展方面的问题在二十国集团的议程上并不总是占据突出地位，因为贸易发展会议一直很少参与议程设置。因此,发达国家资产负债表危机的经济补救措施对贫穷国家的影响没有得到真正认真的考虑和评估。主要经济体采用非常规的手段走出衰退,譬如大规模货币量化宽松等政策,的确带来了严重的负面影响,导致贸易和财政受到汇率和利率波动的冲击。而反映这类问题的二十国集团主要议程虽然被执行了,但后来又被撤销,只评估了这些措施对富裕国家经济的积极结果。《斯蒂格利茨报告2009》不仅就全球治理改革而且也对随后的治理、问责制和透明度的改革提出了合理要求。对于关键环节,该报告写道:"治理改革必须基于对各自任务的共同理解和对各自制度的战略方向达成共识。在此基础上,对这些治理制度进行重大改革,包括给予发展中国家更多的发言权,必须更快地提升透明度。""发展中国家在世界经济和金融方面比重不一致,它们既接受国际货币基金组织和世界银行的资金援助,又是这些机构的成员。这是这些组织在解决系统性问题方面失去合法性和相关性的原因之一。"[14]

培养运作良好的全球治理体制有两种途径:按照《斯蒂格利茨报告 2009》的建议进行更多探索;恢复联合国经济及社会理事会(ECOSOC)。但由于缺乏全球努力,世界在功能失调的G20中漫无目的地漂泊。在特定时期,工业化世界的部分地区把大量流动性资产推向全球体系,而其他地区则采取使其经济萎缩的严厉紧缩政策。从全球化的方向来看,难怪全球经济在"新常态"

用词不当的情况下偏离方向，因为"新常态"无论如何都没有"新"或"常态"的特征。"新常态"只是当前经济形势的权宜之词，缺乏协调一致的政策，而非仅通过短期的货币宽松政策来处理真正的结构性改革问题。英国央行前行长默文·金也认识到，全球货币秩序的治理面临分裂的危险。他写道："主要国家、国际金融机构和G7、G20等组织领导能力严重不足。只需看一眼这些机构的定期公报便可知道，它们为安保人员和记者提供的就业机会远远高于我们理解的世界经济带来的价值。只要话说到点子上，纸上谈兵不一定都是坏事。"

由于全球范围内没有均衡的领导力，不仅导致国际金融机构的可信度恶化，也导致世界其他地区建立新的机构。2014年，代表发展中国家的银行——新开发银行（NDB）由金砖五国（巴西、俄罗斯、印度、中国和南非）在福塔雷萨峰会建立。初始资金500亿美元，总部位于上海。资金最初用于为金砖国家的基础设施和"可持续发展"项目提供资金，不过其他低中收入国家也可以申请资金。金砖国家还设立了1000亿美元的应急储备基金（CRA），旨在为成员国出现国际收支平衡问题时提供额外的流动性保护。虽然新开发银行是为代替世界银行部分活动所做的努力的结果，不过应急储备基金应该像区域性的国际货币基金一样发挥作用。在亚洲，清迈倡议多变化协议（MCI）是一个由东盟国家、中国、日本和韩国的中央银行构成的双边货币互换机制。MCI在

1997—1998年亚洲金融危机后作为一个区域安全网机制成立，现在拥有2400亿美元的互换货币信贷额度。2015年，中国主导的亚洲基础设施投资银行由世界各地包括欧洲的57名成员创建，日本和美国没有加入。2014年还设立了丝绸之路基金，以支持"一带一路"的活动。我将在随后的章节中更详细地讨论这些金融机构的作用。

第一章
从 2008 年阿克拉联合国第十二届贸易发展大会到 2017 年达沃斯会议

▸▸ 东方和西方：二者终将相遇

全球化模式的变化和对比性努力，体现在全球危机过后的十年里出现了各种活动和会议。由于全球贸易量增长乏力，未来几年会史无前例地低于全球产量增长，所以世界各地已经发现限制贸易的趋势正在上升（更多是通过非关税措施）。随着 2016 年美国政府领导人更迭，限制性贸易政策加剧，美国打算采取措施减少因与世界其他地区贸易而不断增加的约 5000 亿美元的贸易赤字。与此同时，欧洲反对移民的呼声高涨，导致英国 2016 年投票脱离欧盟，欧洲的政治平衡朝着更极端右翼主义和平民主义倾斜。美国退出了"跨太平洋伙伴关系"大区域协定，该协定在农业、知识产权、投资和其他领域远远超出 WTO 协议的范围。存在了 20 多年的"北美自由贸易协议"重新谈判，最终达成了一项有利于美国的新协议，该协定现已更名为美国—墨西哥—加拿大协议（USMCA）。与此同时，2016 年美国也退出了具有里程碑意义的巴黎气候协议，这项协议本身只是签字国的一项自愿承诺。

在多边主义衰落的背景下，中国国家领导人 2017 年在达沃斯首次出席世界经济论坛(WEF)会议,这是前所未有的瞩目事件。习近平主席在会议上发表的主旨演讲给全球化的风帆中带来一股新风。在演讲开篇,习近平主席探讨了当今全球体系的弊病:"'是最好的时代,也是最坏的时代',英国文学家狄更斯曾这样描述工业革命发生后的世界。今天,我们也生活在一个矛盾的世界之中。一方面,物质财富不断积累,科技进步日新月异,人类文明发展到历史最高水平。另一方面,地区冲突频繁发生,恐怖主义、难民潮等全球性挑战此起彼伏,贫困、失业、收入差距拉大,世界面临的不确定性上升。"[16]

在此,习近平主席提出了大多数亚洲领导人心中长久以来存在的核心顾虑,这些国家的经济和全球经济紧密相连,却因缺乏统一治理而受阻。早在20世纪90年代,中国就一直怀疑是否应该冒险加入世界贸易组织,顺应全球化趋势。但在做出跳入全球经济"海洋"的决定后,中国经过了考验和磨难,最终取得成功。中国近几年推出了1200多项改革措施。自2007年温家宝总理发表了中国经济"不稳定"的言论以来,中国经济取得了长足的进步。现在中国的经济更加稳定、平衡、协调和完全可持续。现在的问题是,在全球化的大厦分崩离析之际,中国将如何在动荡和不确定的环境里扮演新的角色。

习近平主席在2017年达沃斯会议期间还讨论了困扰全球经济的三个关键问题:

第一，全球经济增长步伐缓慢显而易见，令人担忧。更令人担忧的是全球贸易增长的速度几年来一直落后于全球产出的增长。习近平主席提到，尽管有新技术出现，但新的全球经济增长道路仍然遥遥无期。这确实是一个应该在世界层面更严肃讨论的关键问题。然而无论G8或G20的各种会议提出任何问题或建议，都只是对现有问题的重述，并无真正解决方案。这就提出了整个问题所在——全球领导人不愿脚踏实地处理诸多迫在眉睫的困难。仅举几例：公众对全球化的怨恨、政治实体、经济萎靡不振、失业、主权债务增加、恐怖主义、多边主义退潮等。要最终理解如"一带一路"倡议这样的跨国地域重新链接方案的结构与设计，我们得再进一步分析上述问题。否则，一切努力都是枉然，又回到传统狭隘的怀疑论，认为"一带一路"倡议旨在剥削、政治化和经济寻租。

第二，习近平主席在经济领域发现没有得到有效解决的第二个重要问题是全球经济治理不足，这也是我们在联合国《斯蒂格利茨报告》中提过的一个问题。该报告在联合国没有得到充分讨论，因为报告主要撰写机构——世界贸易发展会议受到主要成员国的阻挠未能将报告纳入年度议程。习主席在讲话中更明确地强调：新兴市场和发展中国家已经贡献了80%的全球经济增长；贸易和投资规则没有跟上依托全球和区域供应链的新兴工业格局的发展，这一点对亚洲生产网络至关重要；全球金融治理机制没有充分的能力来处理反复出现的金融危机。

全球治理这个话题会在下文中继续出现，因为这依然是有待出现的新的全球治理的支柱。反对由现有权力机构解决全球金融机构改革问题的举措只会让改革的实施成为一项几乎不可能完成的任务。随着全球南方经济潜力的崛起和亚洲经济影响力的重新出现，压力会继续增加，直至适当的改革措施落实到位。在这种情况下，加强亚洲一体化努力是合乎逻辑的举措，目的是通过建立亚洲自己的机构来增加全球改革压力，主要目的并非要真正取代现有的全球性机构，而是提升亚洲在全球影响力的地位。这是东盟经济共同体（AEC）、区域全面经济伙伴关系协定（RCEP，代表东盟加中国、印度、日本、韩国、澳大利亚和新西兰）、亚太自由贸易区（FTAAP，由中国在2016年利马APEC峰会在提出）等举动背后真正的、根本的原因。现代丝绸之路的概念旨在结合一体化努力的各个方面，同时将欧洲和世界其他地区联系起来，因此这一概念可以视为是泛亚洲经济拼图中的一块。

第三，全球范围内常年存在日益严重的不平等现象，不仅在发展中国家，在工业化国家也是如此。习近平主席提到四个相互关联的方面：财富不平等表现为全球1%的人口拥有的财富超过99%的人口拥有的财富；7亿人口仍然生活在极端贫困中；资本回报和劳动回报之间的差距日益扩大；基本需求与住房、粮食安全和得体的工作有关。

这一些观点与联合国在千年发展目标（2000—2015年）后继续寻求新的全球发展模式所做的努力一致。为以发展为主导的全球化建立一条全球道路，联合国提出了可持续发展目标（2015—2030年），名为《变革我们的世界：2030年可持续发展议程》。这项议程是对全球化更人性化的新面貌的写照，是为实现17个人类、地球、繁荣、和平和伙伴关系的可持续发展目标制定的行动计划。核心议程是消除一切形式和表现的贫穷，包括更公平地分享财富和收入。目标10详细说明了减少国家内部和国家之间不平等的政策行动，旨在实现诸如以下的基本目标：

到2030年，逐步实现和维持最底层40％人口的收入增长，并确保其增长率高于全国平均水平；

采取政策，特别是财政、薪资和社会保障政策，逐步实现更大的平等；

改善对全球金融市场和金融机构的监管和监测，并加强上述监管措施的执行；

确保发展中国家在国际经济和金融机构决策过程中有更大的代表性和发言权，以建立更加有效、可信、负责和合法的机构；

根据世界贸易组织的各项协议，落实对发展中国家、特别是最不发达国家的特殊和区别待遇原则。

习近平主席 2013 年提出的"一带一路"倡议具有解决上述问题的潜力,因为其经济和社会影响不仅将跨越中国从东到西、从南到北的经度和纬度,而且也会带来超越中国国界的积极后果。通过贸易、投资、交通运输和技术转让能够增强"一带一路"倡议的互通性,应该利用这种互通性为所有参与国创造平等的机会。不过根据联合国 2030 年议程的目标 10,确保发展中国家在国际经济和金融机构决策过程中有更大的代表性和发言权无疑是促进包容性发展的全球治理改革的关键。

要理解"一带一路"倡议的结构和布局,分析习近平主席对解决上述全球性问题提出的建议至关重要:

第一,中国相信创新驱动增长,意识到第四次工业革命正在以指数速度展开,2016 年在杭州举办的 G20 金融峰会非常确信地再次强调了这种新的增长模式。制定了 G20 创新增长蓝图,大力推进新的科技革命、产业转型和数字经济。这一新的增长模式在吸收所有其他贫穷国家参与发展方面具有包容性。在杭州峰会上的讲话中,习近平主席直言不讳地说道:"二十国集团首次把发展问题置于全球宏观政策框架核心位置,首次就落实 2030 年可持续发展议程制定行动计划,首次就支持非洲国家和最不发达国家工业化开展合作。"[17]

第二,亦如"一带一路"的设计所显示,全球连通性在全球自由贸易和投资领域进一步凸显,展示了促进贸易和投资自由化和便利化的坚定承诺。特朗普总统在达沃斯宣称"贸易战很容易打赢",而习近平主席大声疾呼:"贸易战没有赢家。"

随着2018年美国政府引发和加剧世界各地在关税上针锋相对的贸易紧张局势,中国对此做出的报复性回应一直很有限度,同时把谈判协商作为处理贸易争端的主要渠道。中国在对待外国投资和技术转让的方式上可能需要妥协,因为西方将会用措辞强硬的"技术盗窃"作为指控的关键,攻击中国贸易和投资制度。如果能确保世界贸易组织作为可靠的调解人参与解决这些有关技术的问题,可能会符合所有关切的最佳利益。

第三,在联合国机构和国际社会要求改革全球经济治理体系呼声日渐高涨过程中,中国的声音越来越有分量。习近平主席引用过一句中国古话:"小智治事,大智治制。"全球经济治理问题在我们在讨论"一带一路"倡议和发展路径时反复提到,因为这贯穿我们对整个"一带一路"倡议概念框架的详细阐述。我们仍然相信,这一倡议应成为汇集新兴市场力量的渠道之一,成为对全球经济治理体系真正改革施加压力的一种杠杆。否则,本应通过发展中国家实质性的参与能更好地平衡反对多边主义和全球化的浪潮,现在多边主义和全球化退潮可能会阻止全球化进入以发展为导向的新阶段。下一章节会更广泛地讨论去全球化的威胁。

第四,应制定一种平衡、公平和包容的发展模式,以确保平等获得机会和分享发展成果。正如我们在讨论不平等问题时中提及的，亚洲开发银行的工作、不丹幸福净指数、泰国国王拉玛九世经济自给自足的理念以及联合国 2030 年可持续发展议程中都宣传了类似的建议，这一建议与包容性创新驱动型增长有关。

从 2008 年阿克拉贸易发展会议的总括性议程到习近平主席在达沃斯的讲话，都呼应了类似的呼吁，即建立一个平衡的全球经济治理支持的包容性发展模式。在贸易发展会议、七十七国集团和中国共同推动发展的联合国，多方也付出若干努力推动多边机构商讨该议程。然而，尽管世界各地以不同的形式和规格举行了多次首脑会议，我们还无法清楚地看到改革工作的进展或具体结果。全球议程在很大程度上仍掌握在发达国家手中，而其国民认为全球化和多边主义带来的价值日益减少。在达沃斯，人们可以清楚地感受到这种对比：东方强烈要求更多地保护以发展为主导的全球化，而西方似乎正在退出他们曾经为自身利益而推动这一制度。在下一章节我们应该能够理解这一不断变化的矛盾，以及可能摆在我们面前的各种经济"战争"和"危机"带来的挑战。了解这些矛盾的原理至关重要，这样我们才能消除前进的障碍，进而认识到亚洲经济体作为"全球公共产品"在推动全球贸易、投资和生产方面日益重要的作用。发现"一带一路"倡议成为变革的推动者，而不仅是一个贸易和投资概念所起的作用可以让我们对"一带一路"结构中的可动部分进行实质性的观察并得出相应结论。

"一带一路"倡议: ▶▶▶
▶▶▶ 通往发展主导的全球化之路

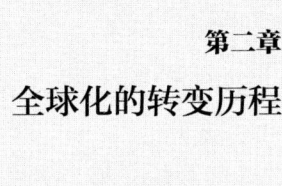

第二章
全球化的转变历程

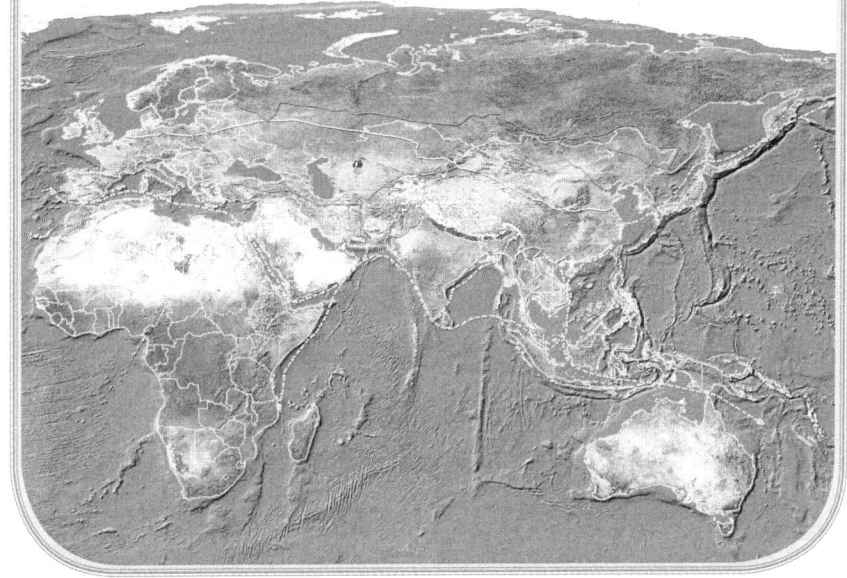

第二章 全球化的转变历程

▸▸ 全球失序带来的经验教训

在第一章，我们讨论了有关全球化新阶段的问题以及中国、印度、巴西等发展中主要国家全球经济影响力的快速上升。单纯就人口数量而言，发展中国家的崛起在正常预期范围内。而就亚洲而言，重获其全球重要地位如同时光倒流，因为这片大陆从前就占据着非常重要的地位。两个世纪前，亚洲占全球产出的五分之三，直到19世纪上半叶的第一次工业革命使西方的生产力大幅提高，才超过了亚洲。到2025年，亚洲占全球产出的比例将从五分之一的较低水平回升至五分之二，这预示了即将到来的亚太世纪。这些国家大多是开放型经济体，对外贸易在其国内生产总值中占有相当大的比重，因此这些国家已成为保持国际贸易大部分流动和增长的"全球公共物品"。

以史为鉴，这种经济和政治主导地位的全球转变很容易演变成全球范围的对抗和冲突。著名经济历史学家尼尔·弗格森教授在其著作《世界战争》[18]一书中阐述20世纪的极端暴力，他将其总结为民族冲突、经济动荡和帝国衰落等因素并加以阐释。他的推论中有一段话发人深省且值得铭记："所谓经济动荡，指的是在所有相关社会压力和负担下，经济增长、物价、利率和就业比率变动的频率和幅度。而所谓帝国衰落，则指的是在20世纪初处于主宰地位的欧洲多个帝国的解体及其面临的土耳其、俄罗斯、日本和德国等新'帝国国家'的出现带来的挑战。这也是我之所以将'西方的衰落'视为20世纪最重要的进步的原因。"[19]

正如第一章所述，西方对世界主要的多边机构和前沿技术的控制从未松懈，但西方的衰落不应被视为21世纪的标志性事件，与东方和南半球其他地区历史性的共同崛起相提并论。破坏新兴经济体可能会有风险是从全球敌对的惨痛经历中吸取的教训之一。弗格森教授再次指出："世界战争是由经济动荡推动的。第一次世界大战引发的经济动荡曾对全球化进程造成巨大干扰，使世界经济陷入了数十年的动荡之中。通货膨胀、通货紧缩、繁荣、萧条和不景气，正是这些力量加剧了欧洲和东亚的不稳定。这些因素削弱了现存的帝国。也破坏了新兴的民主国家。并且加深了种族仇恨。"[20]

冷战时期，主要由于贫困农民阶层的赤贫和想要摆脱殖民统治的强烈愿望，整个第三世界都出现了人民民族主义运动。不幸的是，就目前观察所见，这种高涨的民族主义现象并不局限于第三世界，同时伴随着民粹主义的上升趋势，正在向世界各地蔓延。全球贫困已经减少，但世界上仍有近10亿人处于贫困当中，而不平等现象却仍在不可控制地扩大。地缘政治和地缘经济冲突并不像 20 世纪那样局限于欧洲的心脏地带，现已经在世界各个地区的中心地带爆发。我们应重视弗格森教授的推论："一个完全无视爆发新的世界战争的危险——一个充满种族冲突、经济动荡和帝国斗争的新时代——的建设者，绝对是盲目的乐观。"[21]

在 2018 年联合国大会年度会议上，类似情况为我们敲响了警钟。特朗普总统走上演讲台，对全球主义的意识形态进行了猛烈抨击和驳斥，并宣布美国这个世界最强国将遵循"美国优先"的外交政策。同时联合国秘书长安东尼奥·古特雷斯在这个 193 个国家参会的大会上发出了严厉警告，称对以规则为基础的全球秩序的信任和各国之间的信任"正处于崩溃边缘"，国际合作也变得越来越困难，他说："如今，世界秩序变得越来越混乱，各个大国之间的关系也模糊不清。""普世价值观正在受到侵蚀。民主原则也在不断遭到攻击。"在这种混乱不安的情况下，理解这种所谓的全球失序是如何发生的，以及我们该如何为全球秩序重新布局尽一己之力，应该是有益的。2008 年在阿克拉举行的联合国贸易发展会议已经启动了将发展主导的全球化付诸实践的进程。这一进程本应给国际社会带来某种以发展为基础的秩序，但我们可能需要评估其取得的进展。与此同时，亚洲，特别是中国正在进行的经济改革，保持了使亚洲开放经济更加平衡的势头。中国"一带一路"倡议的引入加强了新一代全球化的重新融合运动，将基础设施、投资、贸易关系与发展合作重点结合起来。为使这

一重新融合运动切实可行,"一带一路"倡议的新兴战略可能需要进行调整,以解决以下问题:

(1)全球失序的根本原因;

(2)联合国2030年议程对可持续发展目标的利好因素;

(3)多边机构改革;

(4)与参与国的战略议程和政策空间保持一致;

(5)加强发展区域主义。

2008年联合国阿克拉贸易发展会议之后不久,世界经历了一系列危机,这些危机清楚地表明了全球相互依存的程度。美国次贷危机从根本上动摇了全球经济结构,引发了对全球经济体系未来发展方向的根本探索。2007年8月金融动荡爆发,随后2008年2月北岩银行倒闭和3月贝尔斯登银行破产,暴露出监管不足的金融市场面临的巨大压力。2008年年中,人们对美国住房市场次级贷款的担忧加剧。正是9月份雷曼兄弟投资银行的破产引发了一场几乎没有人预料到的危机,彻底暴露出全球金融的脆弱性。虽然金融崩溃只起源于美国,但其破坏性影响无处不在,以至于席卷了整个世界经济,包括那些作为无辜旁观者的低收入经济体。这场危机引发的连锁反应非常深远,以至于引发了欧洲和世界其他地方为数不多的几次经济衰退,并因此出现了"新常态"这一错误表述。实际上这是一个清偿巨额家庭债务和清理臃肿的银行资产负债表的过程。我们可以从这场自 20 世纪 30 年代大萧条以来最具破坏性的"大衰退"危机中吸取一些有益的教训。

从这场危机中得到的第一个教训是,让市场自行监管既无效又代价高昂。即使对于美国这样高度成熟的经济体而言,新自由主义原则下的金融自由化也已经走得太远了。发达经济体长期维持宽松的货币政策和松懈的监管,催生了大量可疑贷款行为,最终到达了"明斯基时刻"。结果,全球经济经历了大萧条以来的第一次紧缩。目前尚不清楚这场危机带来的教训是否已被铭记于心。到 2018 年初,也就是经济大衰退十年后,全球债务已从 142 万亿美元升至近 250 万亿美元,相当于全球收入的三倍,比 2008 年高出三分之一。作为阿克拉会议提出的防止过度债务负担再次发生的建议的一部分,我们一直在强调市场改革的战略需求应该更加注重对宏观经济、贸易和工业政策采取务实、积极和具有社会包容性的方法,从而"实现正确的发展",而不仅仅是"保持正确的物价水平"。

第二个教训则是,国家无论大小、贫穷或富裕,都难免会被一些在初期看似合理的错误政策所误导。尽管发放次级贷款,包括抵押贷款或其他贷款,旨在支持需要住房的低收入家庭,但这只会导致银行资产负债表的衰退。金融当局为减少不平等而维持宽松的货币政策,允许房地产和证券等资产价格有永远持续上涨的可能性,无异于病急乱投医。指责亚洲发展中经济体过度储蓄,将低息借款的责任推卸它们,这些做法甚至有悖于最基本的经济学常识。我们必须避免在向发展中国家建议经济政策时采用双重标准,因为较贫穷的经济体不得不缩减开支。例如,在2008年经济大衰退不久,欧洲的经济体施行了大量紧缩政策,因此也遭受了多轮经济衰退。

第三个教训则与经济体中稀缺资源的分配不当有关。追求短期利益和寻求收益导致生产性投资资源分配不足。更多的资源流向了房地产、商品期货,特别是金融工程等投机性领域。杠杆比率允许在安全限值基础上飙升了数倍,而伦敦银行同业拆息等银行间同业拆借利率被操纵,让银行在流动性紧缺的情况下获益,这些领域中的某些活动已超出法律监管范围。当金融市场脱离实体经济,财富创造不再与生产率的稳步提高挂钩,而是与迅速积累的债务和不断上涨的资产价格联系在一起时,风险就尤为明显。这种资源分配不当是造成当代另一个严重的经济萧条现象——日益扩大的不平等差距的主要原因,即以资产为基础的收入份额在不可阻挡地上升,但工薪阶层的收入份额却一直在缩水。在教育、培训和医疗方面的社会基础设施投资,将在很大程度上缓解社会不平等的困境。

第四点教训是不应因为盲目相信有效市场假说而抹去国家的应有作用。国家的角色必须被合理化为"赋能型国家",而不是"干预型国家"，由国家致力于转型变革和经济改革。即使发达市场经济体，在面临金融危机时，也要在国家全面管理和财政参与下，对遭受通货紧缩的经济进行大规模的拯救以及恢复。这再次证明，政府仍然是唯一有能力调动必要资源来应对大规模、系统性经济威胁的机构。政府向银行体系注入了巨额流动性，空前的货币量化宽松政策最终高达数十亿美元，这种非常规的货币政策阻止了经济的进一步紧缩，但是，由于目前正在进行的债务去杠杆化进程，金融和实体行业之间仍然存在着脱节，因此判断这是否是正确的反周期政策仍然是个未知数。目前可以衡量的一个明显后果是将私人债务转化为国债，如果国债扩张，会在不久的将来引发又一个不稳定的周期。

需要在此明确指出的最后一个教训是，在相互依存的世界里，不能指望各国自己处理破坏稳定的威胁和不平衡问题。尽管有这种历史经验，并且过去十年里世界各地召开了大量峰会，但在多边层面上并没有实现有效的再平衡战略。在应对粮食和金融危机时我们的初始反应灵活迅速，并在这两方面投入了大量资源。当涉及协调一致的货币和财政刺激措施等政治权宜之计时，世界范围内的经济政策似乎走上了协调正确的轨道，但当主要经济体开始走上不同的微观经济轨道时，G7 或 G20 峰会上提出的协调战略越来越少。一些定期的年度会议仅仅是走走形式，会后产生的有效影响微乎其微。由于 G20 主要议程大多由国际货币基金组织统筹安排，联合国各机构的贡献非常有限——仅仅是少数联合工作文件。其实像联合国这样的国际机构应该发挥应有作用，本可以使世界各地不同利益更加均衡。

▸▸ 全球新政回归

为了促进全球再平衡,联合国贸易发展会议根据 2008 年金融危机的经验教训,提出了一项名为"全球新政"的倡议[22]。为了防止国际货币基金组织和世界银行根据华盛顿共识推进的自由化进程代价高昂,需要以更慎重的步伐推进国际一体化。在金融驱动的全球化体制下,大多数的成功国家追求自由战略一体化,而不是采取大规模的经济自由化政策。这些国家还试图保持其政策空间,比如大力强调工业发展。在这种情况下,它们与相邻国家建立了牢固的经济联系。在世界贸易发展会议的谈判中,这些国家并非总是坚持传统观点。

本书将探讨全球新政中的一些要素,阐释如下:

第一,国际金融体系必须恢复某种形式的秩序,以减轻未来的不平衡,并防止这些不平衡,特别是主要经济体中存在的不平衡演变成一场全面危机:

采取措施调整和稳定汇率,特别是主要货币之间的汇率,摆脱以美元为基础的支付体系,加强对储备货币国家宏观经济政策的监督;

国家外债重组需要采取更加平衡的办法，包括在借款人和私营部门债权人之间更公平地分配和调整负担；

有必要在国际货币基金组织下的特别提款权现有机制的基础上，采取更可靠和较少政治参与的方式创造国际流动性，例如，设置"发展环节"来为气候变化项目融资，以满足全球储备需求，实现反周期运作，并激励盈余国家分担调整负担；

迫切需要削减和调整在危机贷款方面仍然存在的政策条件，以防止借款国产生通缩倾向、减少管理危机和启动可持续复苏的政策空间；

多边银行需要重新发挥其作用，将其活动重点转移到对包容性发展的支持上，这意味着多边银行需要更加专注于为有可能提高借款国生产力的基础设施等公共产品财产提供资金。

第二，发展中国家经济随着对外开放速度加快，变得更容易受到国际贸易变化的影响，因此这些国家需要能够评估贸易对包容性发展的影响。它们必须考虑到各种可能有利或不利的趋势，并试图灵活地利用对外贸易促进包容性增长；

需要保持政策空间，以实现国内目标，并让该经济体内的各区域和经济部门平等分享贸易成果；

需要能够连接全球价值链，并在更大程度上围绕链条，在初级品生产到设计、加工和营销的各个环节做出明确努力；

必须能够齐心协力，共同参与谈判，以获得不会危及其结构性改革的贸易谈判结果；

应当鼓励南南贸易，因为事实证明，南南贸易提供了更多的激励措施，以不放弃其相对优势的方式实现工业化；

应利用世贸组织赋予其的权利和义务，实现其在与贸易有关的知识产权协定以及特殊和差别待遇、贸易援助等领域的生产潜力；

应使其能够在世界贸易发展会议的指导下参与投资制度，制定有利于其发展的协定，并通过适当的竞争和消费者保护规则，以应对大型跨国公司的主导力量。

第三，不仅在贸易和投资领域，处理不可逆转的自然环境的恶化也需要实现再平衡，这可能更加迫切。必须能够制定出一项全球性的公共政策，通过促进节约和更有效地利用资源来保护地球资源。建立国际合作模式，调动充足的财政投资，将全球气温上升限制在商定的范围内，这是一项艰巨的挑战。联合国估计，从2020年到2050年，为此每年所需的公共和私人投资规模约占世界GDP的1%到2%以上。我们不仅要为应对全球气候变化，更应为帮助发展中国家向低碳经济转型提供资金支持，并要在全球范围内加快绿色技术转让。发展中地区的确拥有丰富的太阳能、风能、水能和地热等可再生能源，但需要加以利用和管理才能实现其商业用途。

第四，我们一再申明合理的全球治理既不应政治化也不应由少数经济大国主导，在此有必要重申这一点。近年来，布雷顿森林体系机构已采取措施改善其代表性和问责制，但这些措施只是试探性的。为了寻求前文所提到的社会治理改革，可以考虑再次发挥联合国经济及其社会理事会（ECOSOC）在促进经济、社会及有关领域全面协调与合作方面的作用。由于理事会主要成员国和一些关键的多边机构没有认真参与，理事会在有效发挥其作用方面仍旧面临重重困难。

第五，自多哈发展议程（DDA）谈判陷入僵局以来，通过贸易和货币协定实现区域一体化，在亚洲取得了进展。尽管就纯粹的经济分析而言，这仅仅是贸易自由化的次优解决方案，但各国都倾向于加入这场区域主义的狂潮，不仅是出于扩大贸易机会的需要，更是出于经济合作的需要。目前最值得关注的是通过美国与欧盟之间的跨大西洋贸易和投资伙伴协议（TTIP），以及包括美国、日本以及4个东盟成员国在内的跨太平洋伙伴关系协定（TPP）达成的巨额交易。这些协议应该从贸易延伸到非贸易领域，如投资、国有企业、文化多样性以及其他合作领域，因此"合作伙伴关系"的结构成为这个时代的新秩序。随着美国在特朗普政府时期从跨太平洋伙伴关系的退出，这一协定的续签使之变为了一项全新协定,名为全面与进步跨太平洋伙伴关系协定（CPTPP），更接近东盟中心地位的原始理念。亚太自由贸易协定（FTAAP）

的中国提案旨在涵盖亚太经合组织（APEC）的21个成员国，这是一项或多或少以《全球新政议程》为基础的一体化提案，其中不仅包括统一海关程序、贸易便利化等与贸易相关的服务，还提供了实体基础设施和技术合作。与此同时，东盟通过东盟经济共同体（AEC）推进了更深层次的经济一体化，并努力启动区域全面经济伙伴关系协定（RCEP，由东盟和另外6个国家组成）。同时，东盟还提出金融合作，比如《清迈倡议多边化协议》（MCI）和拉丁美洲的一些其他运作，建立当地货币支付体系，等等。

▸▸ 多哈发展议程：最后一轮贸易谈判

尽管有这样一个各方协力推动以发展为主导的全球新政，但以《多哈发展议程》（DDA）为标题的贸易回合谈判未能取得进展。在《多哈发展议程》之前，尽管发展中国家努力地发挥积极的谈判作用，但谈判中涉及农业、服装和纺织品等发展中国家感兴趣的议题并不多。然而，当这些国家在乌拉圭谈判期间面临知识产权保护等它们没有做好准备的新问题时，它们的表现不尽如人意，不足以将该议程提上谈判桌来。相反，发展中国家集团在多哈回合谈判期间所发挥的作用可以说是前所未有的。该集团成员国或多或少地吸取了乌拉圭谈判的经验教训，因此组织得更出色，其真正意图是尽可能多地在多哈发展议程中加入与发展相关的内容。截至2019年，这一非常规的贸易谈判已经进行了18年，这是有史以来历时最长的一轮谈判，应该不会以单一承诺的方式结束。尽管如此，该谈判引起了更多国家的贸易兴趣，至少在以下七个方面取得了一些有利于发展的积极成果。

第一，首次承诺取消农业出口补贴并大幅削减国内农业补贴。这是2004年7月《多哈回合框架协议》的重要组成部分，被视为进一步谈判的坚实基础，因为农业仍然是所有贸易谈判的核心。

第二，在多哈回合谈判启动后，棉花议题作为特例被列入了多哈回合谈判农业议程。世贸组织决定邀请布基纳法索总统到日内瓦参加总理事会会议，以推动将棉花议题列入议程，这种做法是史无前例的。尽管多哈发展议程可能不会就逐步取消棉花补贴达成最终协议，但至少这是首次让全球聚焦非洲最贫穷国家真正感兴趣的现实问题。棉花议题的好处在于，贫穷国家并不要求任何施舍，而是要求富裕国家降低扰乱棉花价格的补贴。对前者而言，这是一个生死攸关的问题，而对于后者，则主要涉及使农民富裕。棉花仍然是非洲贸易议程上的一个主要议题，世界贸易发展会议就此采取了后续行动，并提供了技术援助。

第三，在乌拉圭回合谈判进入尾声时，知识产权（IPR）保护议题的引入让发展中国家措手不及。这一议题最初是作为应对知名生产商关于不断扩散的假冒产品的咨询而提出的。形成于十分复杂的美国法律框架内的《与贸易有关的知识产权协定》（TRIPS）最终被强加于发展中成员国。《与贸易有关的知识产权协定》的实施导致了整个第三个世界付出高昂代价。由于缺乏准备，在严重缺乏国内理解和资金的情况下，这些国家无法设立适当的法律机构，培训足够的人力，以及增加政治影响力，使新法律在议会获得通过，因此没有准备好实施新的规则。除了所有这些不足之外，美国当局还利用其贸易"核武器"——301条款来惩罚那些未能满足其要求的成员国。随着多哈发展议程的启动,为发展中国家提供了一些减让性"豁免"条款,发展中国家可以申请一种称为"强制许可"的程序。尽管知识产权有效期尚未到期,这种豁免允许发展中国家在有能力的情况下以通用的方式生产药品。发展中国家可以选择平行进口非专利药品,以应对传染性疾病的威胁。《与贸易有关的知识产权协定》这项豁免条款有助于降低发展中国家在引进普遍医疗保健方面的高额成本,并防止由于健康问题而造成人口生产力低下的破坏性影响。然而,在有关国家基于考虑这种行为而做出相应法律修订之前,强制许可的适用一直是争论的焦点。尽管如此,2003年关于豁免的协议实际上为发展中国家默认参与贸易谈判可能获得的好处开辟了另一条途径。

第四,为了加入世贸组织,有此抱负的成员国不得不经历相当无情的谈判和文件准备过程,这通常平均需要5至10年才能完成。像沙特阿拉伯这样,花了数年时间才开始谈判,谈判停滞了几年,之后再回来花了更长时间与其他成员国就一系列加入协定达成协议。中国前后花了七年多的时间才达成了最终的加入世贸组织协议。与此同时,还有诸多入世后的附加条件,例如,在2016年之前,中国应保持其非市场经济地位,并在入世后连续七年每年接受对其是否符合加入条件的审查。因此,在多哈发展议程的第一阶段,其议题被解读给予最不发达国家(LDCs)针对性的更宽松的待遇,以推进它们加入世贸组织的进程。虽然从世贸组织的发展角度来看，这应该被看作是一种奖励，但该成员资格协议并非总是被严格遵守，因为最不发达国家仍然认为，它们不能逃避入世的复杂过程，而此期间在他们还没有做好准备的情况下，不得不做出大量让步。

第五，世贸组织发展政策武器库中增加的另一项举措是制定贸易援助方案，帮助发展中成员国增强竞争力。最初的想法是像联合国所提议的那样，试图将贸易和发展联系起来，使援助有益于贸易，并以贸易助推发展。虽然发展中国家可能愿意参与国际贸易，但由于缺乏人力、体制和基础设施等受到限制，难以从中获益。因此，世贸组织围绕贸易援助计划统筹了一些技术援助项目，并且更明确地转向贸易和生产能力建设，主要集中在培训和基础设施投资领域。尽管贸易援助项目从一开始就计划将世贸组织的技术援助与联合国的技术援助联系起来，但实际实施时主要涉及世贸组织、世界银行和经合组织，联合国发挥的作用有限。如果原提案中一些所谓的"新加坡议题"①，如贸易和竞争、投资协定等得以保留，就可以与贸易发展会议的工作方案挂钩，世贸组织成员也可以通过联合国系统的软规则参与这些议题。贸易援助项目本来可以成为一项不附加任何条件的真正的能力建设活动，而不是被成员国视为多哈协议用来笼络人心的筹码。

---

① 1966年世贸组织在新加坡召开的第一次部长级会议上提出的议题，主要内容包括投资、竞争政策、政府采购透明度和贸易便利化。

第六，特殊与差别待遇（SDT）作为多哈发展议程的有机组成部分，虽然没有产生实质性的结果，但它确实增加了低收入成员国在今后谈判中获得一些减让性补贴的可能性。在某些方面，如在最不发达国家加入程序方面，已经采取了一些特殊和差别待遇原则。可以从给予最不发达国家商品出口免税免配额（DFQF）市场准入地位的不成文协议中看出这方面的另一个让步。2005年，在香港举行的世贸组织第六次部长级会议上，几乎所有成员都同意向最不发达国家做出这一让步，以进一步促进最不发达国家融入多边贸易体制，促进最不发达国家的经济增长和可持续发展。

第七，在2013年世贸组织第九次部长级会议上，各方就贸易便利化问题，也就是所谓的"新加坡议题"之一达成协议，减少在跨境货物运输中仍然存在的大量繁琐环节。由于贸易发展会议当时正在就贸易便利化问题向谈判人员提供咨询意见，谈判的第二部分确实规定了特殊和差别待遇以及执行协定所需的技术援助和能力建设。从技术援助和其他节省成本方面可以看出，这一点对发展中国家产生了积极影响。贸易利益的主要领域在于统一海关文件、简化海关手续（如入境前清关）和海关规定，例如，对特定产品适用何种关税的预先裁定，或明确的程序规则，以及获取贸易有关信息的便利性。

尽管多哈回合谈判在一些方面取得成就，但多哈发展议程并没有在农产品领域以及取消农业出口补贴、自然人流动、取消渔业补贴、更广泛的地理标志协定、粮食安全公共储备等与发展有关的问题上提高贸易自由化程度。总体来说，多哈发展议程现在可以分为多个单独的谈判和工作计划模式，如服务贸易、电子商务协议更新、小型经济体和全球价值链以及渔业补贴谈判。2017年，在布宜诺斯艾利斯举行的世贸组织第11次部长级会议上，由于缺乏实质性进展，成员国同意继续建设性地参与渔业补贴谈判，并恢复电子商务工作。为了重新唤起人们对世贸组织工作的兴趣，世界贸易组织已经多次尝试提出各种改进的建议：

在我担任世界贸易组织总干事期间，成立了一个由前世贸总干事彼得·萨瑟兰担任主席的咨询委员会，研究和阐明面临的体制挑战，并考虑如何加强世贸组织并使其具备应对这些挑战的能力[23]。为了使世界贸易组织成为一个更加注重结果的机构，有以下几点指导性建议：

（1）有差别优待的"意大利面碗"长期补偿措施，指的是发达国家成员必须承诺确定把所有关税削减至零关税的日期；

（2）特惠贸易协定必须受到世贸组织的严格审查和有效约束；

（3）需要与其他政府间组织进行"横向协调"，例如，贸易发展会议基本上对世贸组织中的所有机构都具有观察员地位；

（4）争端解决机构（DSB）应选择特定的调查结果，由争端

解决机构的公正的特别专家组进行深入分析,以了解世贸组织体系的情况;

(5)应重新审查世贸组织谈判的诸边办法原则;

(6)通过每年举行部长级会议和每五年举行一次世贸组织世界领导人峰会,加强政治参与度,世贸组织的工作将得到加强;

(7)应设立一个由总干事担任主席的高级官员协商机构,并定期举行会议,以便与国内政治进程保持联系。

南非世贸组织代表团团长法扎尔·伊斯梅尔写了一本关于世贸组织改革的书,强调了发展中国家成员的作用[24],颇具启发性。他提到了1948年,发展中国家在国际贸易组织(ITO)谈判中的失败经历。《国际贸易组织宪章》草案本应考虑到发展方面的问题,将贸易与创造就业机会联系起来,并应注意到发展中国家新兴的制造业。但不幸的是,《哈瓦那宪章》1951年就被美国国会废止了,从未生效。法扎尔·伊斯梅尔提出了加强世界贸易组织发展层面的四项一般性建议:公平贸易,消除发展中国家向发达国家市场出口产品的障碍;提高发展人力、体制、生产和出口能力比较优势的能力,同时也要在交易系统中保持公平的竞争环境;制定规则,确保在新协议的成本和效益之间实现适当平衡;在世贸组织中建立透明和包容的决策制度。[25]

伊斯梅尔援引詹姆斯·沃尔芬森担任世界银行行长期间的另

第二章 全球化的转变历程

一份内部报告发现，世行向发展中国家提供的贸易政策建议低估了在缺乏建立相关机构的补充政策，适当的监管框架和基础设施网络支持下的过于迅速的自由化所造成的损害。他还建议世贸组织与联合国及其各机构之间加强协调，特别是需要加强世贸组织与贸易发展会议之间的关系。明智的做法是，发达国家需要转变其先前削弱贸易发展会议的做法，并与发展中国家携手重新恢复贸易发展会议的作用。

华威大学于2007年成立了第一个华威委员会[26]，研究全球经济的不均衡转型，以及与之相关的新势力的崛起、更高的抱负和大量社会不满情绪。委员会认为多边贸易制度面临五大挑战。

第一个挑战是应对工业化国家对进一步多边贸易自由化日益强烈的反对；

第二个则是美国和西欧主导的两极全球贸易体制转变为多极体制导致的权力结构变化带来的挑战；

第三个挑战是世贸组织未来边界的界定；

第四个挑战是确保世贸组织的协议和程序会保障其最弱的成员国的利益；

第五个挑战则是特惠贸易协定的激增。

该报告中的一些建议值得研究，而且可能确实对"一带一路"倡议的可能内容有一定的影响。

委员会建议根据对发展需求的可靠分析和发展中国家的不同需求需要采取有区别的措施的现实认知，加倍努力制定明确、具体的特殊和差别待遇条款。

委员会赞同促贸援助（AfT）倡议支持改善实体基础设施和人力资本的项目，实现行政程序现代化和精简，加强有关产品标准的制度和其他与贸易有关的制度。

关于需要对多边贸易体系做出坚定承诺的问题，委员会建议主要工业化国家不要在彼此间建立特惠贸易协定（PTAs）。应加强现有的用于审查区域贸易协定（RTAs）的透明机制（TM），并使其成为常设机制，并应考虑建立一种机制，促进区域贸易协定的集体监督，并可能制定最佳实践守则。

鉴于各成员国在争端解决小组的调查结果方面缺乏遵守规定的行为，委员会建议考虑让世贸组织成员国同意向权利受到侵害方提供现金赔偿的义务。为使较小及较弱的世贸组织成员国有更多机会参与争端解决机制（DSM），建议给予成员国享有争端解决监察员服务的权利，在提出正式申诉之前，应一方当事人的请求，监察员会在潜在争议者之间进行调解。

特朗普政府为挽回美国贸易失衡的形象而采取的举措，特别是 2018 年高达 5000 亿美元的巨额贸易赤字，引发了全球担忧：美国不仅可能提高保护主义水平，还可能试图削弱世贸组织的作用。当争端解决机制上诉机构成员出现空缺时，美国政府限制了成员的任命，从而阻碍了争端解决机制的正常运作。美国可能对争端解决机制的一些裁决感到不满，尤其是其中一项有关"公共机构"定义的裁决，另一项是对美国在若干案件征收反倾销税的裁决不满。但特朗普政府保护主义政策的真正原因可能在于美国希望紧紧守住其居于技术前沿的竞争地位。《中国制造2025》将中国生产结构提升到了更高技术水平，可能对西方竞争地位的最后堡垒构成威胁。因此，美国也希望中国以政策为导向的技术转让引起关注，并在世贸组织制度下进行监管。美国、欧盟和日本之间的三方会谈已经开始审议一些解决美国抱怨的可能的新规则草案。引用《经济学人》杂志（2018年7月21日）的一段话可能有助于弄清楚这场特别有争议的争执："……美国人正在做最后的努力重塑他们所建立的为自己利益服务的体系。他们认为，除非现在采取行动，否则中国将变得过于强大，难以遏制。也许时机早已不再。20世纪80年代，里根政府反对日本的贸易惯例时，日本GDP约为美国GDP的40%。但根据国际货币基金组织的数据，今年中国GDP将是美国GDP的69%，并将在今后五年内上升至88%。"[27]

尽管为了保持"全球化进程是一种正面力量"的观点而付出了这么多努力，尤其是贸易方面的努力，但全球化进程并没有取得具体进展。在美国次贷危机和全球金融危机过后，贸易量的增长率持续下降，多年来均低于全球产量增长率。这通常是可以理解的，在经济危机期间，各国往往更倾向于关注国内，并决心把解决本国问题作为优先事项。各国政府将寻求从国内采购，有时将国内供货作为先决条件。有些国家甚至建议本国的私营部门将资金存入本国金融机构而不是外国金融机构。因此，危机前出现的全球保护主义趋势在经济衰退后变得更为严峻。虽然全球供应链更紧密地将生产网络联系在一起，形成了一个日益相互依存的贸易体系，但区域主义的兴起导致了该体系的分裂。在世贸组织谈判持续停滞之际，成员国纷纷在有限成员的基础上签署新的贸易协定，这些协定的承诺大多超出了世贸组织的多边框架。尽管华威委员会预见到，如果主要工业化国家在彼此之间建立特惠贸易协定，贸易体制将四分五裂，但贸易与投资伙伴协定和最初由美国主导的跨太平洋伙伴关系协定下已经发生了巨额交易。随着世贸组织向更多的贸易和发展议程缓慢迈进，世界经济超级大国也在努力转移多边组织中贸易体系的支点。这些截然不同的趋势将使世界贸易体制分崩离析，发展议程的减少也将使世贸组织不再是世界贸易体制的真正守护者。如果"一带一路"倡议能成为制衡力量，让贸易国家重新团结起来，支持没有任何超级大国主导而是由所有国家共同领导的新的世界贸易体系，将证明这个倡议会为以发展为主导的全球化提供有价值的支持。

多边主义的退出和西方的衰落

最初质疑自由国际秩序是否能带来真正好处的不是发展中地区的经济学家,反而竟然是来自工业化经济体的经济学家。几年前,保罗·萨缪尔森提出:美国经济可能无法从其贸易伙伴的经济成功中获益。这个观点基于这样一个假设:资产具有高度的流动性,而当发展中经济体获得了更先进的技术,就能够以较低的劳动力成本在竞争中打败美国的生产商。萨缪尔森之所以提出这样一个看似有争议的论点,当然不是为了支持自由贸易体系的怀疑者,而是为了表明既能带来利益,也需要付出代价的现实。各国必须关注贸易带来的代价,避免和补偿可能发生的就业和收入损失。2008年全球金融危机之后,劳伦斯·萨默斯提出了三个理由,表明海外经济的成功对美国工人来说将是一个更大的问题,从而重新引发了这场争论。[28]

首先,美国公司将技术型产品转移至发展中国家进行大规模生产,且出口量日益增加,给美国工资水平带来下行压力。

其次,中国等国家的发展加剧了对能源和环境资源的竞争,提高了美国人的成本。

最后，全球经济的增长促进了无国籍跨国公司的发展，这些跨国公司注重的是全球经济的成功和自身的繁荣，而不是其所在国的利益。

事实上，萨缪尔森和萨默斯对全球自由贸易最担心的是，海外劳动力的有效供给以及资本等生产因素海外布局的能力增强对国内劳动力有不利影响。萨默斯认为："美国人有理由怀疑全球经济的成功是否对他们有利，动员对经济内部主义的支持将越来越困难。"他建议的解决方案是："将支持传统意义上的国际主义转变为发展一种在全球经济成功的基础上，将富裕国家的劳动人民和中产阶级的利益更好地结合在一起的国际主义。"[29]

因此，从两位杰出的美国经济学家的分析中，我们可以看出特朗普政府在大约10年后采取贸易限制措施的一些先兆。政府提高关税的决定和总统本人的"贸易战很容易打赢""世贸组织是一场灾难"等威胁性言论，表明美国民众仍然认为，全球化对于他们的意义大不如前，尤其是现在其他国家在全球化进程下的发展蒸蒸日上。一些经济学家强烈地反对劳伦斯·萨默斯的推论。宾夕法尼亚大学、新德里政策研究中心和彼得森国际经济研究所的德夫什·卡潘尔、普拉塔普·巴努·梅赫达和阿文德·苏布拉马尼亚姆共同撰文针对萨默斯发表在《金融时报》上的文章进行了强烈抨击："这是西方的经济优势自17世纪以来第一次受到严峻挑战。但他就此得出了一个令人不安的结论，因为全球化对美国构成了潜在威胁，全球化进程就应该被削弱。"[30]他们接着提出了一些启发性的建议反驳萨默斯的担忧：其一，世界上较贫穷地区的崛起被视为对美国的威胁而非机遇，这意味着全球化只有在符合美国利益的时候才合理。另一个原因则是，全球化的得失不能仅从美国的角度来衡量，而必须讨论其为所有国家（不论国家贫富）带来的影响。评论文章作者建议，保护劳动者的最佳补救办法必须是在国内采取累进税收、改善教育、巩固谈判地位及改善安全网等措施，而不是将国内调整的负担转嫁给国际社会。

关于同样的贸易利益和成本问题，美国圣母大学的劳伦斯·马希也提出了一个尖锐的问题，质疑如果没有沃尔玛出售的这些来自中国的低价产品，美国穷人的日子是否会更好过。他指出，降低价格是国家能够推行的最民主的政策，因为这能使人人受益，而不仅仅是一些特殊利益集团或特定的工人群体。他同意上述三位作者的观点，认为工作的质量取决于教育，工人的工资应该更多地取决于其个人生产力而不是与贸易政策本身挂钩。高盛集团的吉姆·奥尼尔认为，印度和中国等人口大国，确实正越来越感受到全球化带来的好处，然而令人遗憾的是，西方决策者却在采取措施，"保护"自己不受这些令人兴奋的发展影响。[31]

公平地说，萨默斯试图强调的是，我们需要首先接受这样一个原则，即无论是富裕的国家还是贫穷的国家，都可能成为贸易的赢家或输家。他建议将国内社会保险和经济监管的包容性战略与需要更多合作的国际战略结合起来。事实上,萨默斯的目的在于抨击旨在造福全球企业而不是让工人受益的全球化战略。这是一种合理的担忧,这一点可以从全世界工人收入份额的不断下降看出端倪。但是,在这方面唯一的问题在于,这里所说的"包容性繁荣"意味着,全球一体化还应包括将劳工标准与贸易制度挂钩。世贸组织成员国普遍性一直认为,贸易补救措施并不是遵守劳工标准和权利的关键,因为劳工标准和权利已经受到了国际劳工组织(ILO)的监督。例如,2011年国际劳工大会启动了《全球工作协定》。作为关键社会保障最低标准的一部分,就业协定提供了可持续性企业和获得体面就业机会,促进了生产性经济活动和创业,并根据劳工组织的体面工作议程加强了劳动和社会机构建设,促进了有利于就业的宏观经济环境。按照劳工组织的战略方针而不是通过限制性贸易手段,推行与劳工有关的全球化战略,似乎是走向包容性全球一体化最富有成效和建设性的途径。

2016年,英国投票脱离欧盟,国际移民在欧洲受阻,美国总统大选的竞选活动催生了反全球化言论,欧洲极端右翼政党和民粹主义的发展,导致多边主义似乎再次濒临破裂,拉里·萨默斯在另一篇文章中再次提出其最初的提议,指出对全球化进行重新定义的必要性。[32]他提到民族主义的复兴(特朗普总统称之为"爱国主义")和对全球化的普遍抵制。萨默斯坚持支持参与全球对话,重点关注各国政府做出的支持国内中产阶级工人的努力。他认为这种"负责任的民族主义"应该就其本身而言,而非因为国际一体化加以提倡。他还对在劳工标准和环境保护等领域存在的逐底竞争表示遗憾。萨默斯呼吁将全球化"从精英阶层转向大众利益",防止全球化失去拥护。这与弗朗西斯·福山在 2017 年同一个全球论坛上发表的言论很有共鸣:"在美国和欧洲,精英阶层近年来产生了重大政策失误,相较于他们自己,给普通民众造成的伤害更大。放松金融市场管制为美国次贷危机埋下了祸根,欧元设计存在的机制性缺陷引发了希腊的债务危机,而开放边境申根信息系统导致欧洲的难民潮变得难以控制。精英阶层必须承认其在造成这些局面中起的作用。"[33]

根据萨默斯和萨缪尔森二人所说的失去美国中产阶级的支持、劳工的不满以及精英阶层的疏忽来探讨全球化的衰落,不仅反映了美国经济实力的衰退,也生动地描绘了欧洲的类似情况。2016 年,英国公民出人意料地公投脱离欧盟(所谓的脱欧),有时被影射为在投票反对伦敦,也就意味着反对精英阶层、全球化和多元文化主义,也就是反对欧洲。用伦敦政经学院院长克雷格·卡尔霍恩的话说:"那些有工作的人大多投票支持留在欧盟,而没有工作或退休的人则坚决赞成脱离欧盟。"[34] 英国脱欧事件可能会让反对脱欧的欧洲知识分子和政策精英感到意外。但考虑到上述全球主义趋势,脱欧可以被视为持续趋势的一部分。卡尔霍恩得出了一些结论,可能有助于我们进一步分析中国"一带一路"

倡议作为以发展为主导的全球化新路径的出现。

其一，英国脱欧和欧洲的混乱局面很可能会加速全球经济活动向亚洲转移。亚洲在全球经济增长中所占比重接近一半，并且在不久的将来更是如此，可见这种转变已经发生了。在下一章中，我们将更详细地探讨亚洲经济力量的重新崛起。

其二，英国脱欧再次证明，第二次世界大战后建立的大型全球机构已无法维持全球秩序。这已经成为欧洲的极端右翼运动、民族主义和民粹主义的强大优势。一种新的全球秩序正在形成，然而现在还没有一种新式的管理体制可以作为引导世界走上新道路的指路明灯。

其三，最近意大利政党凭借脱离欧盟的政策在全国大选中获胜，可以看出欧洲大陆也面临分裂的压力。卡尔霍恩提到英国脱欧在今后完全有可能被视为欧盟解体的第一步。

其四，由于欧元区将处于不同发展水平的经济体联系在一起，却没有采取一致行动所需的政治一体化或管理，因此欧盟缺乏政策共性。

正如我们所见，全球化的转变历程在多个方面都有表现，比如政治极端主义的兴起，地缘政治和地缘经济冲突加剧，以规则为基础的全球秩序遭遇信任危机，自由贸易体制的恶化，以及精英领导人未能解决大众的困境。2018年，一些世界领导人提出了一些非常中肯的警告。在欧洲议会会议上，法国总统马克龙呼应了上述欧盟缺乏政策一致性的观点，即在地缘政治威胁日益加剧的情况下，"国家利己主义"凌驾于欧洲团结之上。法国总统关于"欧洲正在面临瓦解"的警告可能听起来有些刺耳，也没有受到其他欧洲领导人的广泛欢迎，然而对于发现欧洲一体化的固有弱点方面有实际价值。如果以史为鉴，忽视这一警告可能会让欧盟本身和国际社会付出代价。如果亚洲要在未来保持平衡增长，就需要以贸易为主要驱动力且运转良好的全球化。一个一体化程度高的欧洲将是与亚洲合作实现这个目标的关键。考虑到另一位欧洲著名银行家、慈善家乔治·索罗斯也批评了欧洲滑向生存危机的趋势，这是一项艰巨的任务。索罗斯关注的焦点是中欧国家走向威权统治的趋势，以及南方的债务成员国和北方的债权成员国之间经济地位的不平等和不断扩大的差距。

从2016年到2017年，全球化和国际自由秩序似乎一直在倒退。2008年严重的全球经济衰退，不平等加剧和对支撑全球化的自由价值的排斥，是导致人们对全球化兴衰持悲观看法的部分原因。《经济学人》编辑比尔·埃马特将西方的状况总结为多个关键词："士气低落、颓废、通货紧缩、人口结构面临挑战、分歧、瓦解、功能障碍、衰退。"[35]埃马特建议把注意力从"全球化"转移到"开放"这个词上，因为全球化一词被视为结果，而不是目标，而开放一词更能描述政策取向。拥有流动精英的开放社会，凭借有助于建立社会信任和提供保障的平等形式，可以更成功地维持开放的平衡。[36] 必须恢复开放和平等之间的协调，以防止因金融业支配的过度和不平等政治力量导致全球市场经济濒临崩溃。现在问题在于，在过时的全球治理结构下，比如布雷顿森林体系机构，能否实现这二者间的协调。因此，正如本章开头所说，我们应该在"一带一路"倡议中增加第六项任务，在开放和平等之间寻求平衡。

1969 年召开第一次贸易发展会议时，"中心—外围论"引起了人们的担忧，即较贫穷的国家将陷入只生产初级商品并将其提供给工业化经济体的困境中。到这样的程度，以至于对不受限制的自由贸易（在一定程度上作为发展的增长引擎）的过分简单化倡导，受到了强烈的批评。除了日本、韩国、中国和新加坡等亚洲一些成功的贸易导向型经济体外，很少有国家能够利用贸易作为一种手段，动员和重新分配生产要素，使其从初级商品转向附加值更高的制造业和服务业。在这方面，贸易发展会议《2018 年贸易和发展报告》得出了两个重要结论：

第一，"在那些通过离岸生产确实增加了制成品出口的发展中国家，企业战略中成本最小化和利润最大化的根本转变以及不加区别地套用新自由主义政策，加剧了贸易的不平等影响。"[37]

第二，"事实上，一些国家，特别是近年来的中国，已成功地利用贸易促进结构改革。但是，如果没有政策干预来产生结构性变化，将利润转化为生产性投资并带来更好的高质量就业，贸易可能会造成更多的经济、社会和环境损害,这与可持续发展目标背道而驰。"[38]

贸易发展会议《2018年贸易和发展报告》中提到的国际贸易可能带来的一些负面影响值得考虑,我们特别希望避免在"一带一路"倡议中重复同样的错误。

由于全球价值链(GVCs)的扩散,全球生产的碎片化改变了全球制造业生产和贸易的格局,同时扩大了发达国家和发展中国家间的不平等。通过世界投入产出数据库的数据,贸易发展会议计算,在全球范围内,2014年和2000年相比,全球制造业价值链中资本收入所占的比重增加了3个百分点,然而大多数新兴经济体生产工人的收入份额却下降了1.3个百分点。值得注意的是,中国是唯一的制造业中劳动力收入占比增加的地方,增幅为1.4个百分点,原因可能是数量效应(制造业就业岗位增加),而不是价格效应(相对工资收入增加)。

相对于国家当局和劳工组织,企业正在逐渐获得谈判能力。这主要是因为企业市场日益集中,而没有国际竞争监督机构的有效监督。目前,随着国内支持的减少,工会组织的社会和政治影响力正在逐渐减弱。在竞争力强的国家争夺外国直接投资的情况下,跨国企业(TNCs)更容易利用离岸工厂和低技能工作岗位,极大地削弱了工会组织和国家当局的谈判能力。

贸易发展会议不赞成建立为了大型出口商的利益而过度补贴

劳动力成本的特别加工贸易制度和出口加工区（EPZs）。贸易发展会议认为，"与非加工出口商和非出口商相比，2001年后在中国扩大规模的出口型加工企业大多是外资企业，其典型特点是生产率较低，盈利能力较低，工资较低，资本和技能密集程度较低，并且研究和开发支出较少。这意味着，尽管中国可以指望外国跨国公司将其经济融入全球价值链，但不能依赖这些公司显著提高其劳动力的技能和薪酬，或提高其生产能力。"[39]这一结论似乎与中国以技术为基础的出口产品的迅速升级并不相符。中国的大规模对外投资开始超过外国直接投资的流入速度，这也证明，国内工资水平的上涨迫使新投资寻找劳动力成本较低的东道国。尽管存在这种相反的观点，但也很好地提醒参与"一带一路"倡议的国家应该注意到，不仅要寻求融入全球价值链，还要采取积极的政策（工业、金融方面）来提升价值链。

以跨国公司为主的少数大型企业在出口市场中占有越来越大的份额，但新的市场进入者和相对较小的出口商往往存活率较低。调查发现70%以上的小公司仅仅在成立两年后就停止了出口。发展中国家企业的存活率似乎比工业化国家企业低得多。这意味着大型出口商/跨国公司在出口市场中获取了更多的垄断利润，而这些利润目前正越来越多地集中在少数几家数字公司手中。垄断企业过去只在市场的某一领域占据主导地位。但如今，脸书（Facebook）、苹果（Apple）、亚马逊（Amazon）、网飞（Netflix）、谷歌（Google）等著名的FAANG数字跨国公司，凭借电子商务平台，在包括物流设施在内的线上和线下商业领域都占据着主导地位。一些世界上最大的电子商务公司也成立了金融公司，这些公司控制的资金规模超过了一些全球最大的银行。在大多数经济体中，随着知识产权开始得到牢固的保护，这些知识密集型企业有能力在市场上形成更强的控制力，因为获取核心价值的途径得到了严密的保护，而且不易被模仿。这些所谓的国际竞争无形障碍，加上出口市场日益集中，导致国际贸易和金融中最大的参与者/跨国公司的租值增加。

2018年贸易紧张局势的加剧，有可能波及全球大部分地区，这将加剧不平等问题的严重性。鉴于全球金融危机之后经过长时间休眠后恢复的贸易活动是全球经济复苏的主要动力，世界陷入更严重的贸易报复，可能对世界经济的未来而言并非好兆头。前几轮关税报复可能不会立即对有关国家的贸易量或出口竞争力造成不利影响，涉及的可贸易产品的贸易来源和目的地可能会有一些转移。但是，全球贸易总体上应该能够灵活调整，因为现在的生产来源比以往更具竞争力。最初的负面影响可能是进一步报复性结果的不确定性，以及可能阻碍正常投资进程的汇率波动。根据不断变化的经济情况，投资组合和直接投资可能都需要做出新的决定。因此，贸易紧张局势往往会立即对证券交易所产生负面影响，最终影响直接投资，进而从根本上影响增长、收入分配和就业。

对于实行贸易保护主义政策的国家来说，贸易逆差可能会出现一定程度的收缩，但随着时间的推移，除非国内消费放缓以及储蓄增加，否则将再次产生贸易逆差。但最终随着全球整体投资持续下降，全球经济增长放缓也将导致全球需求放缓，进而导致贸易量萎缩。如果贸易报复继续更长时间，并且涉及更多的产品和更多全球价值链上的经济体，贸易放缓可能尤其会对持续发生贸易赤字且竞争力较低贫穷经济体不利。这些国家将负债累累，债务规模可能导致债务危机。

当美国、欧盟和中国等三大洲的主要经济体卷入贸易冲突时，最终结果可能比其他国家更具破坏性。美国政府已经表示会就安全问题提高关税，但这种保护主义行动背后的真正原因可能包括：将其作为提高谈判地位的手段，并与中国、欧盟、墨西哥、加拿大等谈判各方达成更有利的协议；在短期内减轻贸易赤字，以获得喘息的空间；应对因"制造2025战略"取得的进展导致的美国技术领先地位的丧失；在其他经济体在全球市场上获得更好立足点日益明显之际，美国希望摆脱世贸组织的约束性协议（萨缪尔森和萨默斯二人的推论）。中国发表了一份白皮书，主要是阐明中方对多边体系的承诺，继续推进结构性改革，维护在华外资企业的合法权益。事实上，中美贸易摩擦是难以理解的，因为两国贸易关系的加强给双方都带来了很多好处。2017年，中美货物贸易总额达到5800亿美元，是1979年的230倍，是2001年加入世贸组织时的7倍。事实上，中国对美名义贸易顺差的近60%都来自在华经营的美国企业，而2017年中国对美服务贸易逆差仍高达540亿美元。

因此，人们普遍认为，事实证明这种上升是无效的，不仅是这两个经济体，而且会对全球价值链上与它们有联系的其他经济体造成持久的损害。中国的经常账户盈余已经从几年前不可接受的高于20%的水平降至2018年仅占GDP的1%左右。正如我们在第一章中所讨论的，中国正在努力减少汽车和金融服务等领域的贸易限制。如前所述，真正的争论在于中美贸易冲突仍然是技术竞争领域。在政府补贴、知识产权保护制度、技术转让相关的外商投资、商业秘密的网络安全、国防应用等领域存在着广泛的利益冲突。因此，美国和中国应该在这场十分复杂的技术竞赛中继续进行认真和持续的谈判。此外，中国将坚持走长期一体化道路，保护其国内改革不受冲击，并通过区域全面经济伙伴关系和"一带一路"倡议逐步扩大对外开放。为体现中方重启丝绸之路倡议的诚意，倡议可以采取协调一致的立场，支持区域全面经济伙伴关系。在美国方面，最好放弃原来的跨太平洋伙伴关系协定的概念，不要试图隔离、限制中国，或将美国与亚洲伙伴的贸易从中国转移出去。如果亚洲内部贸易受到更多的抑制和限制，将在亚洲制造更多的地缘政治紧张局势。区域价值链加强了亚洲内部的贸易，而这种贸易本身发挥了有益的作用，区域外的贸易封锁可能无法轻易地将外国投资者或公司从价值链中拉回。因此，对该地区其他区域的负面影响能有所减轻。与此同时，"一带一路"倡议的运作可以通过改进贸易便利化措施来促进更多的区域供应链。无论这两个世界上最大的经济体之间是否即将达成任何贸易协议，如果"一带一路"倡议遵循正确的多边规则和宗旨，发挥其作用，将进一步加强亚洲经济体及其与世界其他地区的关系。

或许还可以考虑一种可能的情况，即未能达成协议，尤其是就美国的反多边主义蓝图达成协议。根据国际股票经纪公司里昂证券（CLSA）[40]发表的报告，这将产生不可低估的深远影响，因为中国和其他国家政府以及跨国公司，都将开始计划将全球化进程推向顶峰，并可能采取新的全球战略。这样做的一个重要的长期后果可能是世界经济一体化的终结，届时将分裂成以美国、欧洲和亚洲为基础的三个主要贸易区。自1994年以来，美国就建立了自己的《北美自由贸易协议》（NAFTA，协议方包括加拿大和墨西哥）贸易区，特朗普政府对协定进行了重新谈判。2018年9月，美国、墨西哥和加拿大达成协议，以《美国—墨西哥—加拿大协议》（USMCA）取代《北美自由贸易协议》。美国公众对《北美自由贸易协议》的看法存在很大分歧。2018年2月的盖洛普民意调查显示，48%的美国人认为《北美自由贸易协议》对美国有利，46%的人认为这对他们没有好处。美国关于《北美自由贸易协议》的舆论主要集中在三个问题上：《北美自由贸易协议》对美国就业、环境和进入美国移民的影响。《北美自由贸易协议》对墨西哥经济的总体经济影响，与谈判时就该协议所作的承诺相比，一直不尽如人意，墨西哥经济增长一直稳定在2%左右，远低于最初协议的预期增长。《美国—墨西哥—加拿大协议》或有时被称为"北美自由贸易协议2.0版本"，旨在让美国更多地进入加拿大价值190亿美元的乳制品市场，鼓励更多国内轿车和卡车生产，增加环境和劳工法规，并引入最新的知识产权保护措施。

欧洲的贸易区——欧盟（EU）正在经历创伤性的变革，不仅因为英国退出欧盟，还有希腊经济危机的延续——希腊脱欧就像达摩克利斯之剑悬在欧洲上空。在过去的十年里，欧洲经历了几轮衰退，不得不采取极端宽松的非常规货币政策，将政策利率降至负值。平均失业率仍然相当高，几乎是美国失业率的两倍，青年失业率明显高于整体失业率。欧洲仍需协调北方债权国（德国）和南方债务国（希腊、意大利、西班牙、葡萄牙）的不同政策取向。如前所述，英国脱欧可能导致英国和欧盟与亚洲的关系更紧密。就亚洲而言，区域全面经济伙伴关系是围绕类似亚洲贸易区问题上进行的最先进的谈判。与西方的看法相反，区域全面经济伙伴关系不应被视为中国主导的集团，因为这一概念是建立在以东盟（ASEAN）为中心的东盟加六国集团基础上的。在可预见的未来，区域全面经济伙伴关系应该会达成最终协议，实现中国、日本和印度之间经济实力的平衡。可以想象，"一带一路"倡议的实施会为这一亚洲贸易区提供贸易便利化发展可能和潜力的支持。考虑到亚洲一体化努力的务实主义，尽管速度本来就比较慢，但相较于世界上其他规模相当的集团，东盟加六国集团的实施进程似乎会更加协调。

这些不断演变的贸易区可能对包括美元、欧元和人民币在内的每个地区的关键汇率产生强烈影响。美元在世界货币市场中所占的份额将会减少，其作为世界储备货币的地位也将下降。再加上特朗普总统在2018年联合国大会第73届会议上的讲话，称美国"将永远选择独立与合作，而不是全球治理"以及"我们反对全球化的意识形态，信奉爱国主义原则"，美元退出统治全球经济只是时间问题。正如里昂证券的报告显示，亚洲的贸易将越来越多地以人民币为主。[41]从商品贸易开始，俄罗斯现在向中国出售石油和天然气以人民币结算，而2018年3月在上海启动了以人民币定价的原油期货合约。

里昂证券的报告指出，特朗普政府的"美国优先"政策是另一个可能鼓励长期脱离美元的主要因素。报告称："这是美国通过实施制裁等手段，越来越多地将美元作为武器的做法。的确，在很多方面，美元以及相关的美元化金融体系的隐含封锁威胁，越来越多地被用来代替武器在国外推行美国的政治议程。"[42]例如，重新对任何与伊朗有经贸往来的国家实施制裁这一做法已经促使一些欧洲政治家们开始质疑对美元的依赖。一些人呼吁欧洲建立独立于美国的支付渠道,包括成立欧洲货币基金组织。因此,尽管美元仍然占据主导地位,但其在世界外汇储备中的份额已从2001年的73%左右下降到2018年的62%。自2017年人民币被纳入国际货币基金组织特别提款权货币篮子以来,亚洲各国央行的外汇储备中,人民币的比例也在不断上升。尽管亚洲不应期待建立货币区之类的东西,但其经济的共同宏观经济管理应有助于保持该地区汇率的稳定。令人遗憾的是,亚洲外汇盈余被重新投资于美国国债和欧洲主权债券等外国债券,而不是投资于基础设施、水资源管理或植树造林。"一带一路"倡议的成功将使宏观经济管理更加协调,通过建立新的联合投资领域、金融市场和机构,将过剩的外国资金引入生产性部门。我们应回顾一下中国这方面所做的一些合作努力,看看"一带一路"倡议是否符合亚洲和南南合作的新视角。

由于"一带一路"倡议旨在加强中国与各国的联系,尤其是在中国和中亚之间建立更紧密联系,因此可能首先需要考虑自1996年在上海举行第一次总统峰会后成立的上海五国进程的所需资金,其成员国包括中国、哈萨克斯坦、吉尔吉斯斯坦、俄罗斯和塔吉克斯坦。该组织可能最初侧重于国际安全局势问题,多年来这种合作标志着在贸易、文化、军事和安全事务方面做出了更大的合作努力。这是一项声明,承诺五国相互支持各方为维护国家独立、主权、领土完整和社会稳定方面的努力。这真正预示了"一带一路"倡议的覆盖范围，应该能够平息外界对"一带一路"倡议进军中亚之路上可能与俄罗斯势力范围发生冲突的担忧。中国前国家主席江泽民曾经指出："我们应该加强在维护国家统一和主权方面的相互支持，抵御对地区安全的各种威胁。"

由于仍有一些冲突影响着五国之间的关系，这一进程不能被称为联盟，而是一个可以举行联合防务演习的论坛，以减轻人们对该地区，也可以说是该地缘政治中心地带可能发生更大冲突的担忧。"上海五国进程"取得了一些令人瞩目的成果，如解决了有关各方的边界争端，采取了建立信任措施，并以合作方式打击了该地区的恐怖主义和毒品走私等非法活动。

自2001年以来，"上海五国进程"已升级为"上海合作组织"（SCO）或"上合组织"，进一步朝着欧亚政治、经济和安全联盟的方向发展，增加了乌兹别克斯坦、印度和巴基斯坦三个成员国，其中巴基斯坦于2017年加入。上海合作组织因其在亚太地区的中心地位和安全支柱地位日益增强，被广泛视为"东方联盟"。上海合作组织是东盟的重要合作伙伴，为亚洲大陆的和平、稳定、发展和可持续发展建立了合作模式。

英国议会上议院国际关系委员会主席大卫·豪厄尔在《日本时报》（Japan Times）[43]上发表文章警告称，应该认真对待上海合作组织。迄今为止，西方自由主义者一直对上海合作组织不屑一顾,理由是该组织结构薄弱,缺乏牢固的中央协调和指导体系。这与事实相去甚远,因为上海合作组织的成员国几乎涵盖了近一半世界人口,包括整个印度次大陆,而土耳其也表现出加入的兴趣,上合组织正凭借其自身的力量形成一个庞大的网络。上海合作组织论坛在管理和促进与安全、犯罪控制、法律程序、环境和健康标准有关的共同目标方面发挥着越来越大的作用,并可能延伸到金融和贸易领域。豪厄尔还认为,随着西方主导的全球机构时代即将结束,新的全球机构应该从亚洲、可能还有非洲和拉丁美洲获得更强的影响力。

在当今全球问题日益紧密关联的情况下,合作应该取代冲突。随着上海合作组织覆盖范围的扩大,创造了多条途径为当今和未来的大国建立更多的门户而不是彼此之间的围墙,以获得"一带一路"倡议的进一步支持,并与之相辅相成。大卫·豪厄尔明智地总结道:"但这确实表明国际关系的未来阶段,最好被视为大国之间建设性互动的新时期。事实上,这些大国的各自实际实力可能都没有它们过去设想的那么大,各方的让步空间可能都会扩大。"[44]

上海合作组织的三个成员国(俄罗斯、中国和印度)是金砖国家,支持新的全球化网络观点,即南半球国家将更加积极地参与其中。与上海合作组织不同,金砖国家是据一家西方金融机构提出的概念,于2006年成立的合作机制,其目的更多的是为其在高增长新兴经济体的金融活动提供便利，而不是建立一个由具有共同利益的国家自愿组成的集团。然而，随着金砖国家在金融和贸易领域的合作不断扩大，金砖国家的重要性不容低估。它可以在亚洲大陆与非洲和拉丁美洲之间架起一座桥梁，也可以帮助"一带一路"倡议从亚洲进一步扎根到这些大陆。2017年厦门金砖国家峰会发表宣言，表明了五国加强合作、构建公正合理的经济秩序、维护世界和平和促进人文交流的共同愿景。考虑到一些成员国在经济和金融方面所面临的困难，这些崇高的目标尚未付诸实施。习近平主席在厦门向峰会领导人致辞时指出：2016年金砖国家对外投资总额为1970亿美元，但金砖五国之间的对外投资总额仅占5.7%。因此，金砖国家之间的经济合作仍存在巨大差距和潜力。

虽然可能有人对该集团的经济可行性提出一些批评言论，但它仍然成功地促进了发展中国家的全球力量平衡。例如，金砖国家在国际货币基金组织和世界银行的全球经济对话中占据了更重要的份额。此外，金砖国家可以成为积极影响世贸组织改革的正面力量，在自由贸易和国家政策空间之间取得实际平衡，以减少保护主义的可能性。由于旧的全球治理架构已不适用，金砖国家可以共同应对和改变国际机构中过时的治理结构，率先倡议建立更加公平的全球治理体系；还可以发起新的国际标准制定机构，建立现代治理结构，使发展中国家拥有更强的投票权和代表性。

作为变革的推动者，该集团可敦促国际货币基金组织完成第15次配额总审查，扩大和加强特别提款权（SDR）的作用，促进世界银行投票权份额审查。

由于目前缺乏以发展为主导的全球化，改革关键多边机构的任务在可预见的未来无法完成。在这种限制下，金砖国家采取了替代方案，即建立新的金融机构。在巴西丰塔莱萨举行的金砖国家领导人第六届峰会上，金砖国家启动了新开发银行（NDB）和应急储备基金（CRA）。新开发银行的初始认购资本为500亿美元，授权资本为1000亿美元。新开发银行代表了新兴经济体所做的努力，它们希望能够凭借自身实现真正发展，而不需要更发达国家向其发号施令。这或许是一个不起眼的开端，但无论如何都应该是值得的，在完全由工业化国家占主导地位的管理终结后，这将帮助它们实现对新治理体系的控制。截至2018年，新开发银行已批准向包括可再生能源、交通运输和卫生等23个项目提供贷款，旨在强调可持续基础设施的融资。新开发银行总部位于上海，于2016年首次发行了以人民币计价的绿色金融债券，此举可以被视为其业务的一个里程碑。新开发银行已于2017年在约翰内斯堡设立非洲区域中心，并计划于2018年在巴西开设拉美地区办事处。

另一方面，金砖国家应急储备基金是一个通过流动性和预防性工具提供支持的框架，以应对实际或潜在的短期国际收支压力。

应急储备基金实际上是发展中国家的替代方案或国际货币基金组织的竞争对手。目前看来这似乎有些遥不可及，但它提供了一个金融平台，在此基础上建立进一步的南南合作。在世界多极化、不同国家或国家集团争夺全球霸权的关键历史转折时期，南南合作至关重要。随着南半球国家崛起为不可忽视的经济强国，在开放国际治理以便让这个集团拥有更强代表性遇到阻力的时候，发生冲突的压力也会越来越大。正如本文中反复强调的那样，加强对全球经济的集体管理的通道应该保持开放。在2018年南非约翰内斯堡举行的金砖国家领导人会议上，习近平主席再次提及了他在达沃斯和海南峰会上提出的"开放"概念主旋律。在海南举行的博鳌论坛上，习近平主席详细阐述了中国汽车和金融领域向外资开放的一系列措施。他再次强调，金砖国家成员必须坚定反对单边主义和保护主义，鉴于金砖国家对全球经济增长的贡献率高达80%，对全球经济产出的贡献率接近40%，有能力实现这一目标。习近平主席表示，金砖国家应该从已故的纳尔逊·曼德拉总统身上汲取灵感。他引用了前南非总统的一句名言："登上一座高峰后，你会发现还有更多的山峰要攀登。"

由于新兴市场经济体集团在世界市场上获得了更多的立足点，它们自然尝试着建立更符合自身需求的机构，正如金砖国家在金融方面所做的努力。此外还有其他尝试，比如东盟的《清迈倡议》，以及亚洲基础设施投资银行（AIIB）和丝绸之路基金（Silk Road

Fund），对此我们将在接下来的几章中详细介绍。通过可持续发展目标16.8——扩大和加强发展中国家对全球治理机构的参与，联合国已经在推动以发展为主导的全球化进程。联合国的可持续发展目标在给予其发展支柱更多权重方面将产生多大的影响，仍有待观察，但发展支柱并非总是能得到较发达成员国的无条件支持。尽管联合国为给予富国和穷国平等待遇做出了明显的努力，但穷国的声音还需要被放大，才能清楚地被听到。联合国前秘书长科菲·安南曾说过："我们不能说成员国之间是完全平等的，但弱小和无权的国家在联合国感受到的不平等，总体上要比在其他国际机构少。"[45]联合国历史上曾多次尝试将发展议程提升到全球层面。比如，第一位诺贝尔经济学奖得主扬·廷贝亨教授，作为联合国发展规划委员会主席，根据20世纪60年代与70年代发展十年建立了全球发展框架。此外联合国还参与了国民生产总值的计量和标准化工作，并试图用联合国《人类发展报告》提出的人类发展指数取代国民生产总值。该指数由识字率和基础教育、寿命和最低收入水平三个因素组成。相较于经济富裕，人的能力被认为与贫穷国家的困境更相关。例如，联合国的另一个机构儿童基金会一直在关注世界儿童的困境，这对人类发展至关重要。这种以人为中心的发展形式的概念是以发展为主导的全球化范式的先驱。科菲·安南通过他的"全球契约"计划，动员了所有参与者，包括私营部门、民间社会组织成员以及人权组织，参与全球经济治理。这是联合国开展的最接近全球治理的一次行动。在说服私营企业承担社会责任并动员其促进联合国目标的过程中,联合国的政策影响力有所加强,但可能没有达到对包容性治理产生强烈影响的程度。

联合国前秘书长科菲·安南于1999年在达沃斯提出的"全球契约"计划,是联合国对不受约束的全球化做出的直接回应。安南对全球化的批评有三方面:全球化在国家内部和各国之间都显露出了不可接受的不平等模式;全球规则制定中的根本不对称,例如,将知识产权置于优先于基本人权和环境威胁的位置;人们越来越担心失去控制、问责制的缺失甚至自我身份的丧失。[46] 在第一章中已经提到过,以上部分问题在联合国贸易发展会议阿克拉会议上得到了充分回应,并且在近20年后在另一次达沃斯会议上,我们也听到了来自中国国家主席的支持声音。与此同时,研究联合国在2000年至2015年期间就千年发展目标达成一致,从而制定出以发展为导向的全球化的首次努力,是有指导意义的。"千年发展目标"被认为体现了当今联合国的发展政策,将争论焦点从20世纪80年代由制约驱动的"华盛顿共识",转向了20世纪90年代以人为中心的人类发展议程。这为国际发展的总框架提供了新的共识,目标明确,但在某种程度上使实现这些目标的手段处于了灰色地带。

尽管"千年发展目标"受到各种批评,但我们不应低估该目标在吸引全球关注发展的基本问题，特别是社会领域的基本发展问题方面的重要性。在人类发展方面已经取得了令人满意的进展；小学入学目标大多已经实现；同时在亚洲范围内成功地减少了贫困；重新调整了经济体中生产部门和社会部门之间的平衡；而且从那些凭借强大的经济制度成功实现社会目标的国家身上吸取了宝贵的经验教训。虽然经济增长本身不是一个目标，但包容性增长，即有分配的增长，是产生社会成就的手段所必需的。"千年发展目标"的第八个目标——建立全球发展伙伴关系，被抱怨是取得进展最少的目标。由于"千年发展目标"大多将任务强加于发展中成员国，缺少联合国的发达成员国充分参与，因此未能实现大多数发展伙伴关系指导方针。减让性发展资金来源没有跟上步伐，国际贸易发展议程难以启动，多哈发展议程贸易谈判在充满希望的开始后陷入停滞。

所有这些"千年发展目标"的经验教训都作为后续发展战略被纳入了联合国《可持续发展目标（2015—2030）》。"2030年联合国议程"将经济考虑与社会愿望结合在一起，正如第十项目标中提出的对公平的细致处理。然而，要使所有这些变革性发展议程充分有效，我们必须能够采取步骤进行改革或重新引入至少以下三个领导要素。

其一，联合国制定了不同的计划和倡议，其中包括"发展十年""国际经济新秩序"以及"千年发展目标"和可持续发展目标，以促进和强调其发展框架。但公平地说，由于缺乏对成员国的执行权力，联合国没有能力有效地实施所有这些计划。正常情况下，应由经济及社会理事会（ECOSOC）推动道德劝导和领导力。经社理事会除管理联合国所有发展议程的一致性和监督之外，是唯一能够汇集经济、社会和环境问题的联合国论坛。1995年联合国做出了最大胆的努力，将经济及社会理事会转变成与安全理事会类似的不同类型的理事会，以便使其拥有足够的资金支持决策并确保遵守，而不仅仅是提出建议。当然，这没有被成员国接受。有人说，经济及社会理事会可能已经成为联合国最笨拙和最没有权力的审议机构。这确实令人遗憾，因为运作良好的经济及社会理事会可以摆脱南北困境，转而进行以问题和利益为基础的审议。这本可以为全球治理地位取代低效的二十国集团（G20）奠定基础。例如，考虑到新兴经济体的作用日益扩大、多边机构改革的必要性以及全球化进入新时代的转变，发展合作论坛可以带头就新的全球伙伴关系结构开展一系列全球讨论。尽管"一带一路"倡议可能不像联合国经济及社会理事会那样有相同的成员数量，但有助于引导这方面的一些深入讨论，并同时付诸实践。带领新一代全球化进程的领导者必须来自"一带一路"倡议这样的多边会议，这样才能充分体现其影响力和有效性。我们需要新的想法和概念，它们可以像联合国成立70年以来那样，成为推动进步的建设性催化剂。

其二，发展筹资问题已经超出了如何调动足够的官方发展援助来实现国民生产总值 0.7% 的最初目标。我们现在必须承认，只有少数几个国家，主要是北欧国家，会认真对待这一目标并实现它。否则，发展中国家境外移民和劳工寄回本国的汇款很容易达到多哈发展议程平均水平的三倍左右。因此，发展中国家的责任又回到了自己身上：努力从本国经济中调动尽可能多的财政资源，更多地依赖外国直接投资等私营部门和区域开发银行的资金来源。传统捐助国背负着自己的债务和预算及贸易账户上的双重赤字，可能有理由无法轻易摆脱这一困境。但它们可以让私营部门更多地参与到新兴经济体的投资中来，并避免采取极端宽松与极端紧缩交替的非常规货币政策。金融资源调动方面的领导地位，可能会转向拥有更多国际储备的亚洲。随着新开发银行、亚洲基础设施投资银行和丝绸之路基金的成立，凭借亚洲开发银行等地区银行的其他筹资渠道，应该培养和增强这种领导能力。尽管亚洲和新兴市场可能正在增加自己的资源，但问题是，这些是否足以满足诸如气候变化一体化及适应、基础设施投资、人力资源开发和研究以及发展需求等一系列的金融需求。金融领域的领导力还应包括防止过度金融化，而这正是导致美国次贷危机的主要原因，以及建立债券市场以吸引更多绿色投资和具有社会影响的投资，提高证券交易所的可持续性。

其三，虽然不论是某个国家还是国家集团，我们都不应该寻求这样一个新的霸权实体，但世界一直都是处于某个国家、某个帝国或联合国系统这样的集团领导下的。根据上述分析可知，我们不仅错失了适当的全球治理，那些过去在全球化努力中起领导作用的主要国家，不管怎样，不得不面对自己的衰落，例如，被削弱的竞争力、重负债务的回归、严重的青年失业率和极端政治意识形态的上升。新兴经济体，特别是来自亚洲的经济体，尽管仍在艰难地进行结构性转型，但经济方面却一直在增长，例如在产出、贸易、金融和投资中所占份额的上升。在过去几十年中，亚洲在全球经济总量中所占份额从五分之一上升至五分之二，并继续攀升至其两个世纪前就占据的五分之三的份额，正逐渐重获其经济地位。随着亚洲区域内价值链优势的增强，在产出份额增加的同时，贸易份额也在上升。亚洲也是一个经济数字化似乎很自然的地区，因为其庞大的人口在没有过多激励的情况下，就进入了各种电子商务和金融科技平台。我们应关注的是，新条例应如何使数字化过程尽可能有序和透明，以便私营部门和公共部门能够在公平的基础上分享利益，并保护消费者的福利和网络安全为核心的监管框架。在下一章中，我们将探索亚洲新增长模式的本质，这种模式应该能够消除一切形式的贫困，将人民的生活质量提高到更高和更健康的水平，最重要的是解决所有经济斗争的最严重的不平等问题。"一带一路"倡议的引入应该沿着同样的发展路径，在新一代的全球化中将亚洲与世界其他地区联系起来。在新全球化中，人类从出生到死亡的福祉将处于富有同情心的世界经济的中心。

"一带一路"倡议：
通往发展主导的全球化之路

第三章
亚洲经济实力再度崛起

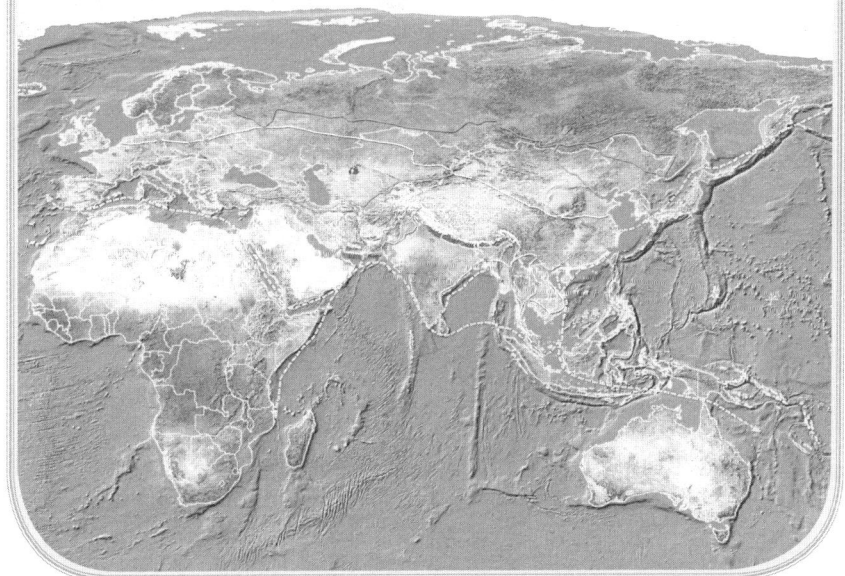

第三章
亚洲经济实力再度崛起

▸▸ 亚洲的崛起和贸易开放

经济学家、瑞典驻印度大使贡纳尔·默达尔在其1968年出版的《亚洲的戏剧》[47]一书中描述了亚洲严重的贫困问题，今昔对比，50年后的亚洲肯定会让作者大吃一惊。对于大多数亚洲经济体而言，20世纪60年代主要面临的是解决本国人民温饱问题这一迫切基本需求。默达尔指出南亚是个例外——南亚地区在独立后，推行了一系列五年计划，经济体步入了错误的发展方向，注重基础工业和重工业，而食品和消费品这类能改善大众基本生活方式的产品所占优先级较低。默达尔称印度是南亚的"软政权国家"之一，国内充斥着腐败、立法缺陷和执法不力等"社会无纪律"现象。而另一方面，斯里兰卡（过去的锡兰）拥有有效的民主政治，机构运行良好，经济实现了可观增长，被视为发展中国家典范。但在越来越多的干预主义和内向型政策出台后，斯里兰卡开始走下坡路。中国自身也经历了10年的社会和政治动荡，并不得不把重点放在国内事务上，直到20世纪70年代末，才通过扩大对外开放进行了深入改革。

"雁行模式"恰当地描述了亚洲经济体在谨慎的工业化进程

中，在生产阶梯上，由主要的初级生产者上升到更平衡的农业发展水平的过程。尽管这种模式似乎仅仅是一种说法，但也反映了在某个经济体通过投资和技术转让实现职责转移后，其他经济体加以效仿而做出的政策选择。由日本、中国香港、韩国、新加坡和中国台北组成的雁行团队一直在寻求出口导向型的工业发展，同时在人力资本方面进行大量投资。这些国家或地区的政府都是以干涉主义经济政策为取向，其中工业政策最为突出。但与此同时，这些政府会避免扰乱市场定价体系，大力支持社会性基础设施和物质性基础设施。通过转向技术和资本密集型的制造业产品，为处于生产阶梯下游的其他国家的劳动密集型出口产品提供更多空间，"雁行模式"参与国的经济将再次腾飞。随着亚洲的区域生产模式与各价值链的连接联系得越来越紧密，这种雁行结构可能会朝垂直和水平两个方向发展。制造业地点的迁移不仅受到劳动力成本的影响，而且还受到其他因素的影响，例如具有优惠性质的重要市场进入机会、经商便利度，以及贸易设施的地理位置吸引力。

亚洲成功实现结构转型的基础仍是农业部门的发展——从单纯的雨水灌溉和牲畜耕种发展更复杂的灌溉和机械化系统。农业生产力的提高，不仅大幅度提高了人民的营养水平，还提高了农业收入，增加了农民从事非农活动的时间。农村发展过去是、未来也将是亚洲结构转型不可或缺的组成部分。农业部门已成为亚洲劳动力市场的减震器，在农闲时节和城市建设热潮期间，为市场提供大量劳动力，同时在其他时间吸收城市过剩劳动力。农业部门生产率的提高大大增加了将储蓄用于生产性投资的倾向。大幅上涨的农业收入必然会为国内需求提供支持，而国内需求反过来又会刺激进一步投资，创造就业机会。即使是一些已经完全工业化的亚洲国家，比如日本，农业亦因其"多功能性"而备受推崇，其重要性仍然在实体政治和经济政策中牢牢地占据一席之地。这意味着农业并不仅仅是一种谋生手段，而是拥有更深层次的政治和经济意义。事实上，农业的重要性在文化遗产的社会领域、传统的生活方式以及人类对农田和农耕社会的感情依属方面都有所体现。

"绿色革命"的到来是亚洲农业变革的关键。国际水稻研究所（IRRI）和世界各地的其他农业研究机构成功研制出了神奇的水稻品种，使水稻产量成倍增加。从印度到印度尼西亚，从菲律宾到斯里兰卡，亚洲各地都种植了这种高产水稻品种。可以说，这项现代农业技术发明挽救了亚洲数百万人的生命，但这些水稻品种种植需要一系列复杂条件，包括恢复和扩大灌溉系统，以及广泛使用化肥和杀虫剂。几十年来，由于无法找到大规模灌溉项目所需的大量资金支持，加上有机农业的兴起凸显了过度使用化肥和杀虫剂的负面副作用，这些水稻品种的受欢迎程度有所下降。值得注意的是，与此同时，亚洲各国对农业研究工作的公共投资在国家预算中的比重普遍下降。1973年,石油输出国组织(OPEC)爆发了第一次重大油价危机,迫使亚洲经济体面临通胀上升、需求低迷、国际收支恶化和失业率上升等一系列新的挑战。

尽管有这些强大的阻力,在20世纪70年代和80年代的数十年中,亚洲经济经历了以下一系列情况和事件并稳步向前:

第一,在"雁行模式"的影响下,日本成功推行的产业政策作为典型被亚洲其他国家效仿。战后,日本建立了一些金融机构,为工业化进程提供支持,特别是为工业融资和股票基金提供所需的长期信贷,这些机构在推动新产业发展方面发挥了很大作用。其他国家,比如韩国拥有政府支持的大型工业财阀集团,中国台湾进军了电子行业,而新加坡则在亚洲开展贸易和投资。泰国后来也效仿这种做法,率先进军汽车行业。

第二,1978年底的大规模经济改革是"中国奇迹"的发端。在长达40年的时间里,中国经济以天文数字般的速度增长,并持续不断地向前发展。建设沿海城市经济特区新战略吸引了国内外的大规模投资。经济改革和经济特区战略共同构成了中国出口产业的支柱,使中国成为全球制造业中心。2001年中国加入世贸组织在推动中国出口行业发展,使其成为全球最大出口国以及全球和地区供应网络的关键一环方面起了决定性作用。

第三,外来投资是亚洲工业化进程的重要催化剂。20世纪60年代初,公众最初对外来投资有些不满,但随着这些投资带来新的、更好的就业机会和更多的便利设施，开放的投资制度变得更容易为大众所接受。1985年，全球主要经济体签署了《广场协议》，标志着亚洲内部投资热潮的一个决定性时刻的到来。保罗·沃尔克担任美联储主席期间内，通过加息，遏止了20世纪70年代的滞胀危机。但这导致美元被高估，美国制造业产品在全球市场的竞争力下降。参与国央行的联合干预使美元贬值，减轻了其贸易赤字问题，同时迫使日元大幅升值。在此期间，由于日本制造商不得不寻找新的生产地点来削减生产成本，日本的投资开始严重外流。东南亚一直是这些大规模外流投资的最大受益者，特别是纺织和电子行业。

第四，尽管20世纪80年代布雷顿森林机构的新自由主义市场观点占据了主导地位，但许多亚洲经济体的优势在于其在私有市场机制和国家这两者的作用之间取得了良好的平衡。这与联合国和贸易发展会议的立足点类似——只有当发展中国家存在时，发展战略才能真正发挥作用。事实上，亚洲一些最成功的国家曾与中国、韩国和新加坡等强大而有影响力的国家进行过合作。新加坡已故领导人李光耀曾一度表示，要想成功地管理经济，必须实行国家大力参与引导的民主制度。1993年，世界银行发布了题为《东亚奇迹》[48]的报告，认为推动亚洲经济超常增长的关键因素是宏观经济原则和稳定性的坚实基础、人力资源开发、农业劳动生产率增长和可靠的监管结构。世界银行虽然支持减少政府干预、加强市场自由化,但在报告中确实承认了政府的重要作用以及政府与私营部门之间合作的重要性。

第五,1997—1998年的亚洲金融危机是一段高度创伤时期,因为甚至连世界银行都将东亚此前的繁荣时期称为奇迹。国际货币基金组织建议亚洲走上完全自由化的道路,这意味着开放资本账户,允许资本自由流动。随着这场大震荡,亚洲开始面对现实。泰国作为第一个陷入危机的亚洲国家,表现得像是乖乖听国际货币基金组织话的学生,盲目采纳了错误的建议。泰国被误导了,因为其尚未做好充分准备,应对以不受控制的汇率波动为代价的资本自由流动。私营企业以外币进行的过度借贷很容易被泰国货币被美元的汇率加以利用。泰铢的高估导致的泰国经常账户赤字令人担忧,泰铢与美元挂钩的固定汇率变得难以为继,在短时间内流失了大量短期外国资本。泰国向国际货币基金组织申请了总额为172亿美元的援助贷款,而该计划附带的严格条件使泰国经济进一步陷入困境。这次危机的教训对亚洲来说非常宝贵:

一是货币不能固定,而当其他货币因素在自由移动时,无法实行固定汇率制度;二是短期资本流动非常不稳定;三是经常账户赤字应该是警惕对冲基金投机性举动的警告信号;四是最重要的,应不惜一切代价避免寻求国际货币基金组织的救援行动;五是认识到为应对危机采取经济解决办法时的双重标准,因为亚洲的发展中国家被迫采取了顺周期措施,即会导致通缩压力加剧的财政和货币紧缩这一标准建议,而在美国次贷危机之后,发达经济体被允许采取反周期措施,即实施极端的货币宽松和零利率,以抵消金融崩溃带来的通缩影响。

中国在危机期间发挥了关键作用,采取了宽松的宏观经济政策,既保持人民币汇率稳定,又不进行破坏性的竞争性贬值,同时受危机影响的国家出口产品保持市场开放。从1997—1998年危机中获得的宝贵经验使亚洲经济体高度意识到自身的债务困境,出现这种困境的往往是私营部门而非外债方面。亚洲还成功地获得了大量贸易盈余或是对赤字进行了限制,以至于亚洲现在拥有世界上最大的国际储备池(见表1)。金融体系的监管已经变得更严格,并且自由化实施得非常谨慎,因此影子金融得到了有力控制。因此,在2008—2009年的全球金融危机期间,美国金融体系导致的可疑债务工具的扩散,只对亚洲银行造成了轻微影响。

第六,经济开放和对外贸易一直是大多数亚洲经济体的重要议程。易和投资关系增强了亚洲的竞争力,从而为"雁行模式"和亚洲四小龙经济体的出现提供了可能性。作为初级产品出口地区,亚洲的起点很低,但逐渐占领了全球制造业产品市场,随后又增加了更多以技术为基础的出口产品。金融危机后的经济复苏推动了区域间贸易,而数字互联和物流便利促进了以中国为中心的国际生产网络发展。亚洲国家在价值链上的流动性很强,涉及领域包括纺织品、服装和鞋类的制造,到集成电路、汽车零部件

表 1 部分亚洲国家/地区外商直接投资、国际储备、外债

国家/地区	外商直接投资（净额：十亿美元）			国际储备（十亿美元）			外债（十亿美元）			国债（占GDP比重）		
	2015	2016	2017	2015	2016	2017	2015	2016	2017	2015	2016	2017
中国	68.1	-46.6	45.0	3330.4	3010.5	3140.0	n/a	n/a	n/a	n/a	n/a	n/a
中国香港	102.5	57.7	21.5	358.8	386.2	431.4	n/a	n/a	n/a	n/a	n/a	n/a
印度	36.0	35.6	30.3	360.2	370.0	424.5	485.1	471.8	515.0	69.6	68.9	70.3
印度尼西亚	10.7	16.1	19.2	105.9	116.4	130.2	306.4	317.0	352.2	26.3	28.3	29.0
韩国	-19.7	-17.9	-14.6	368.0	371.1	389.3	n/a	n/a	n/a	35.6	36.1	36.6
马来西亚	-0.7	3.4	3.8	95.3	94.5	102.4	195.3	211.5	211.5	70.0	67.3	80.3
菲律宾	0.1	5.9	8.1	80.7	80.7	81.6	77.5	74.8	73.1	44.7	42.1	42.8
新加坡	39.0	46.4	38.8	247.7	246.6	279.9	0.0	0.0	0.0	n/a	n/a	n/a
中国台湾	-12.3	-8.7	-8.1	426.0	434.2	451.5	159.0	172.2	181.9	36.6	36.2	35.2
泰国	3.9	-10.3	-11.6	156.5	171.9	202.6	131.1	132.2	149.0	42.5	41.3	41.9

资料来源：里昂证券：Eye on Asian Economies 2018 年第 3 季度

和电机及运输工具的其他零部件。亚洲取得了比其他地区更大的成功，贸易发展会议非常关心亚洲各国政府在其中发挥的积极作用。贸易发展会议关于对外贸易做了以下图解分析："对外贸易开放是在一个更加稳定的宏观经济环境中进行的，与此同时投资在 GDP 中所占比重不断上升。一些国家超过了亚洲投资占 GDP 比重 30% 的最高值。在某些差距相当大的情况下，在机械和设备方面的投资以及在物质性基础设施方面的建设是东亚投资的重要特点。在大多数情况下，总体投资中的这种进步与公共投资比重的稳定或上升有关，并具有强大的挤入效应。"[49]贸易发展会议的贸易和发展报告一贯强调国内储蓄、投资和出口增长之间的动态联系。东亚实行的出口导向型工业化战略的主要原理使其有能力获得进口资本货物所需的外汇和国外先进技术。通过与国际生产链的整合，这一战略让各国在这些产业链上的流动性更强。从 20 世纪 60 年代开始，在全球化程度更高的环境下，加强实施力度是保证雁行模式可行性的手段。

可以说，亚洲经济体不仅从过去的经验中汲取了教训，以史为鉴，也在经历了这些考验和磨难后，变得更加成熟。在未来，贸易的要素和相互依赖的观点将通过新丝绸之路倡议，加强各国间的联系（见表 2）。研究中国领导人习近平在担任福建省长时酝酿"一带一路"倡议的思想萌芽是非常有价值的，并且具有高度指导意义。时任福建省长习近平曾在世纪之交写了一篇文章，

表 2 部分亚洲国家贸易统计（2015—2017 年）

国家/地区	出口额（年增长率%，以美元计）			进口额（年增长率%，以美元计）			贸易差额（十亿美元）			经常账户差额（十亿美元）			经常账户差额（占GDP比重）		
	2015	2016	2017	2015	2016	2017	2015	2016	2017	2015	2016	2017	2015	2016	2017
中国	-4.5	-7.2	11.4	-13.4	-4.5	16.4	576.2	494.1	476.1	304.2	196.4	172.0	2.8	1.8	1.4
中国香港	-2.4	-0.4	7.0	-3.9	-1.3	7.8	-65.9	-59.6	-67.9	10.3	12.7	14.7	3.3	4.0	4.3
印度	-15.9	5.2	10.3	-14.1	-1.0	19.5	-130.1	-112.4	-160.0	-22.1	-14.3	-48.7	-1.0	-0.6	-1.9
印度尼西亚	-14.9	-3.1	16.9	-19.7	-4.4	16.2	14.0	15.3	18.8	-17.5	-17.0	-17.5	-2.1	-1.8	-1.7
韩国	-11.4	-5.7	12.8	-19.8	-6.6	16.4	122.3	118.9	119.9	105.9	99.2	78.5	7.7	7.0	5.1
马来西亚	-15.8	-5.2	13.5	-15.1	-3.9	-14.0	27.9	24.5	27.2	9.1	7.1	9.4	3.0	2.4	3.0
菲律宾	-13.3	-1.1	12.8	-1.0	17.7	14.2	-23.3	-35.5	-41.2	7.3	-1.2	-2.5	2.5	-0.4	-0.8
新加坡	-6.4	-3.3	8.9	-29.8	-5.9	22.7	82.9	85.6	84.7	53.7	59.0	61.0	18.1	19.0	18.8
中国台湾	-11.1	-8.0	12.9	-17.2	-9.3	12.4	73.1	70.6	80.9	74.9	72.8	82.9	14.2	13.7	14.5
泰国	-5.6	0.1	9.7	-10.6	-5.1	14.4	26.8	36.5	31.9	32.1	48.2	47.9	8.0	11.7	10.5

资料来源：里昂证券：Eye on Asian Economies 2018 年第 3 季度

随后在世界经济论坛[50]上发表。作为亚洲新世纪愿景的一部分，文章指出中国加入世贸协会将成为中国和世界其他国家合作的新契机。在新千禧年伊始，世界经济遭受了一场互联网危机，并经历了2001年的恐怖主义袭击，然而，中国经济的增长引擎以同样的速度向前推进，中国为世界经济注入了新的活力。印度前总理曼莫汉·辛格博士曾表示，中国和印度等国对全球增长的贡献类似于全球公共产品的作用。当时，习近平担任福建省长，推动福建深化改革，进一步开放区域经济，加强与东亚合作，推动福建经济全面发展。

习近平指出，福建地理位置优越，毗邻港澳，与台湾隔海相望，并且是组成日本、韩国充满活力的经济发展带的一部分。[51]习近平对福建地理位置的描述让人联想起"一带一路"倡议构想框架的起源。作为中国东部沿海地区的一部分，福建是中国相对发达的省份，也是最早对外开放的省份之一。福建的另一个独特之处在于其是海外华人的主要故乡，因此与外部世界有着民族纽带。值得注意的是，这些来自福建的海外华人中，有90%已在亚洲其他地区定居。由于其优越的区位、历史纽带和经济特区的设立，福建经济持续快速发展，经济增速经常超过全国平均水平。

福建与东亚特别是日本、中国台湾、中国香港等地的经济合作交流，让福建和东亚都获益颇多。即使在经济低迷时期，福建也坚持开放的贸易体制，贸易增长持续保持在较高水平。根据我们的投资出口关系范式,福建不仅享受了贸易的好处,而且获得了外商直接投资。外商投资企业出口总额占福建出口总值的59%以上,并将福建的工业生产提升到了更高的技术水平。

中国国家主席习近平在担任福建省领导人期间,可以看出其对开放透明的贸易体制的奠基性支持。他强烈支持继续开放经济,欢迎外国投资者积极参与。在引用文章中,习近平主席提出了这种合作互利的方式,预示了他后来关于"一带一路"倡议的设想:"显然,福建与东亚之间的经济运行和交流促进了福建的经济持续快速发展,推动了合理的产业分工和调整,以及东亚其他地区经济结构的优化和升级。这有效地增强了东亚经济的整体竞争力和稳定性。总之,福建与东亚的经济合作与交流是互利共赢、优势互补的。迄今为止,双方已经意识到其共同目标在于实现共赢。"[52]从21世纪"一带一路"倡议中可以看出,习近平主席在早期就已经提到,可能建设一条连接长三角和珠三角的沿海通道,以及一条连接中国中西部的东西走廊。在下一段中可以看出,他坚持要求福建省继续对外开放。"开放是福建最大的优势,也是福建未来的希望。进入新世纪后,福建省将继续走对外开放的道路,把中国入世作为一个里程碑和经济全球化新要求的指南。我们将继续研究世界经济新形势新变化,进一步扩大同世界各国的经济合作与交流。"[53]

在上述观点发表15年后,尽管现在中国有着更多方面的全球影响，现任中国国家主席的习近平出席于2017年在福建厦门举行的金砖国家峰会时表达了相似的想法。习近平主席表示，新兴市场国家和发展中国家应共同努力，构建开放型世界经济，支持多边贸易体制，推动包容、共享、共赢的经济全球化。作为全球化的新要求，他指出新兴市场国家和发展中国家的作用都不可逆转地在不断增强，这些国家目前对全球增长的贡献超过80%。《厦门宣言》表达了金砖集团希望通过共同致力于建设更加合理、公平、公正、民主、有代表性的国际政治经济秩序，坚持发展和多边主义的愿望。因此，对亚洲来说，开放国际贸易应与发展需求挂钩的观点似乎根深蒂固，并将反映在大多数亚洲经济体的政策取向上。值得注意的是，亚洲各国间的贸易增长速度超过了与世界其他地区的贸易增长速度，以至于亚洲内部的贸易占到了亚洲贸易总额的50%。亚洲区域内贸易份额如此之巨，仅次于欧洲内部和北美自由贸易协定（现为美墨加经济伙伴关系协定或美墨加协定）内部的份额。在全球贸易保护主义趋势存在不确定性、全球增长持续滞后之际，亚洲内部贸易份额所起的缓冲作用至关重要。随着亚洲逐步建立自己的贸易格局，亚洲内部的贸易份额很可能会继续上升，原因如下：

（1）随着中国对外投资规模不断攀升，亚洲的贸易体制将更加以中国为中心；

（2）人民币在亚洲贸易中所占份额的增加将促进亚洲国家之

间的贸易流动；

（3）上述两个因素和雁行模式，必然会加强区域供应链；

（4）随着亚洲达成更多的区域自贸协定和次区域经济合作，边境贸易障碍将逐步减少；

（5）通过贸易协定和旅游实现的自然人的流动将推动更多的当地产品贸易；

（6）电子商务平台的指数级增长将前所未有地把亚洲各个偏远的角落都连接起来；

（7）"一带一路"倡议还将为基础设施、物流、人员流动等方面提供基础投资，这些投资几乎能在社会的各个层面上大大加强亚洲的互联互通。

"亚洲奇迹"及其挑战

我们希望能从诺贝尔经济学奖得主劳伦斯·克莱因教授在普雷维什纪念演讲中发表的演讲中获得一些启发,进一步证实亚洲在下一代全球化中所起的领导作用,尤其是发展方面的影响力。[54] 克莱因教授提到了联合国贸易发展会议首任秘书长普雷维什博士,他提出的中心—外围论将工业化国家称为中心,并将发展中国家称为外围。普雷维什认为,进口替代应该是推动外围国家增长、改善与中心国家之间的平衡的正确途径。全球化实际上改变了这一观点,因为出口竞争力已成为大势所趋,而亚洲凭借自身优势拥有了强大的出口竞争力。克莱因则指出了发展中国家的奋斗目标,即创造更高的附加值产出,同时提高生产率。他关于亚洲的论点,特别是关于南亚和东亚的论点,可以归纳为以下几点:

(1) 发达工业国家单靠在农业方面的优势无法达到如此高的标准,但大多数发达工业国家都能够生产出广泛的商品和服务,供本国和全世界消费。他以荷兰、丹麦和新西兰为例,指出这些国家不仅是杰出的初级生产国,而且在金融、航运和制造业中最先进的分支产业中也掌握着专业技术。

（2）克莱因强调了全要素生产率（TFP）指标作为实际发展工作所需的另一个要素的重要性。20世纪90年代，另一位诺贝尔奖得主保罗·克鲁曼曾质疑"亚洲奇迹"只是海市蜃楼，缺乏相应的全要素生产率增长。但与此同时，克莱因也不得不承认，亚洲金融危机更大程度上是由于亚洲各国政府在美元如此强劲的时期，固执地坚持将本国货币与美元挂钩所导致的。或者更准确地说，出于策略考虑，20世纪90年代末的汇率僵化是罪魁祸首，而全要素生产率低下则应是中长期结构调整的原因。

（3）克莱因教授将印度和中国称为新的"亚洲奇迹"，他表示："两国在国际环境下将国民经济绩效提升到新的高度，非常值得我们观察、研究、效仿、钦佩以及祝贺。"[55]他十分赞赏中国在土地改革、经济特区和改进学术中心等方面所采取的循序渐进的政策。他还列举了在逐步开放制造业、零售业、受管制贸易的小型企业方面采取的步骤，以及所谓的与非农忙季节活动协调良好的乡镇企业的出现。与此同时，中国经济增长的政策支持向西部和内陆地区分散，主要远离了早期扩张性政策占主导地位的沿海外围地区。这一愿景与习近平主席设想的贯通福建省与中国内陆、西部地区的东西走廊十分契合。值得注意的是，克莱因教授曾回忆起他于1979年率领第一个美国经济学家代表团访问中国时的情景。当时的美国经济学家小组对中国的经济因素进行了第一次估算，由此开启了对中国宏观经济的认真定量研究。

至于印度，克莱因发现不仅在数量经济方面，并且在广泛的社会范围内，印度已经成为世界上被研究最多的经济体之一。我们已经了解了贡纳尔·默达尔在《亚洲的戏剧》一书中全方位的研究。克莱因补充说，印度已经非常积极地成为另一个与中国截然不同的亚洲经济增长中心。印度的经济活动曾一度受到季风的影响，出现周期性波动，但现在已摆脱了这种自然力量，不再是其反复受害者。克莱因指出："印度经济领域生产的时间曲线表明，农业危机往往与经济体整体经济活动不景气有关。但从20世纪90年代开始，在农业出现问题的情况下，服务业成为一股稳定力量。印度逐渐成为软件、商业服务以及医疗卫生服务的外包中心，而这些行业不会因为季风而立即陷入危机。"[56]

（4）人口老龄化是亚洲今天在人口结构方面面临的一大挑战。克莱因指出日本的低出生率以及限制性移民，导致日本成为世界上人口老龄化最严重的国家之一。克莱因表示，这降低了日本的国民储蓄率，并在一定程度上导致了日本20世纪90年代的十年萧条和21世纪的缓慢增长。尽管印度不会立即出现老龄化社会的趋势，但中国的情况有所不同。由于过去对出生率控制严格，中国可能正朝着人口老龄化发展。

亚洲在20世纪60—70年代以后，到80—90年代的实际表现超出了所有预测和期望。亚洲始终保持着令人满意的经济增长，即使在南亚低增长率地区也实现了合理的增长。对于世界其他区域的发展中国家来说，情况并非如此，这些国家大多不得不争取富有成效地参与多边贸易制度，并应对由于预算和贸易赤字而增加的债务。到 2020 年，亚洲预计将占世界贸易总额的三分之一以上。亚洲拥有世界上最高的储蓄率，在国际储备不断增加的情况下其储蓄率仍然相当可观（见表1）。大多数亚洲发展中经济体一直能够保持经常账户盈余，因此可以免受货币交易投机活动的影响。尽管取得了这些成果，亚洲在社会和经济事务方面所面临的挑战仍然令人担忧。2006 年，亚洲开发银行行长黑田东彦邀请我担任知名人士小组会议主席，并就亚洲的未来撰写一份报告，并就亚洲开发银行的作用提出建议。小组提交了一份报告[57]，亚洲开发银行采纳了这份报告，并根据小组对未来挑战的研究确定了 2020 年战略。虽然已经过去了一段时间，但我发现该小组报告中提出的九项挑战仍是跟得上形势的，并且在根据最近的事件、想法和分析进行一些修改后，报告内容可以为"一带一路"倡议提供一个背景，推动其开展以发展为导向的工作。

（一）虽然在过去几十年里，亚洲生活在绝对贫困线下的人口数量急剧下降，但这个数字目前仍然超过了数亿。

在 2008 年"大衰退"之前，全球经济有过一段漫长的繁荣时期，那时亚洲经济一直保持着持续高增长。鉴于近期全球通缩趋势和亚洲平均增长放缓，解决贫困水平的工作可能会不如之前富有成效。此外，贫困人口最多的地区可能是南亚，那里的经济结构改革仍落后于东亚。

因此,包括中等收入国家在内的亚洲国家都不应感到自满。由于频繁发生的自然灾害会使人们一夜之间变得一贫如洗,贫困名单上出现新成员的可能性很大。随着亚洲种族冲突加剧,敌对状态可能使少数族群成为生活在贫困线以下的无家可归的难民。除了这些收入急剧恶化的情况外,即将到来的老龄化人口结构可能会进一步加剧亚洲的贫困问题。在亚洲,只有部分人口享有社会保障。此外,由于农产品价格的波动和农村工人不断向日益城市化的地区迁移,棚户区城市贫困人口的增加,使亚洲各国政府面临着另一种形式的贫困问题。这些不同的贫困问题会给政府带来比过去更为复杂的挑战。

虽然对于经济增长在与贫穷斗争中起的作用曾存在争议,但实证经验确实表明,经济增长必须是一个先决条件,尽管不是充分的先决条件,但可以帮助打击并消除贫困。南亚地区的持续贫困就是一个很好的例子。20世纪60年代,印度总理英迪拉·甘地实施了"极端"社会主义政策,当时14家最大的银行、一般保险公司、石油公司和煤矿被收归国有。印度扩大了政府管制,让政府垄断了若干新产品的进出口,并试图让政府接管粮食批发贸易。10年后,印度开始意识到,全面的国家控制措施是不可持续的,因为在这一时期,收入几乎没有增长,因此贫困加剧,而不是像政府计划的那样被消除。两位德高望重的印度经济学家贾格迪什·巴格瓦蒂和阿尔温德·帕纳加利亚曾表示："1980年时，社会主义措施的浪潮，实际上是一场海啸，几乎泯灭了印度经济快速增长的前景。印度领导人长期以来对消除贫困目标的承诺也因经济停滞而受挫。那些未被意识形态蒙蔽的人非常清楚，英迪拉·甘地选择的社会主义道路未能实现她那令人难忘的口号——'消除贫困'所强烈传达的承诺。"[58]

印度的这种命令与控制体制在20世纪70年代中期达到巅峰，最终在90年代初被一套普遍的改革方案所取代。控制的桎梏一被解除，实质性的改革站稳了脚跟，印度农村和城市以及全国的增长速度都加快了，贫困人口也减少了。同样值得争论的是，增长必须更具包容性，因为增长为社会发展提供了更多公共预算拨款，尤其是在医疗、教育和养老福利方面的更多投资。在印度，随着越来越多的收入流向政府，社会保障得到了推动，大规模的再分配计划，如全国农村就业保障计划，成为可能。然而，如果印度在改革的道路上能更努力地提高全要素生产率（我们已经在"亚洲的奇迹"那部分内容提及了这个问题），就能从增长中获得更多的附加值。印度人口在产量低下的农业中仍占有很大比例，而占劳动力90%以上的小企业的特点也是生产率低，在其他一些亚洲经济体中也存在这种情况。巴格瓦蒂和帕纳加利亚总结分享的经验与本章开头相似："对贸易和外商直接投资的友好态度，高生产性投资率，设备及技术的进口，以及受过高等教育的民众在政策框架下对这种技术的成功利用,此外还有允许激励和奖励,创造了产生东亚奇迹的良性循环。但这一现象的核心在于贸易的外向发展。"[59]

虽然贸易发展会议本身没有加入支持增长的行列,但制定了明确的概念框架,支持发展生产能力,促进经济转型。根据《2030年可持续发展议程》,要实现到2030年消除贫困,就需要大大加快生产能力的发展,这一观点的推动非常重要。与此同时,我们必须将资源从生产率较低和环境不可持续的部门转向生产率较高和可持续的部门,以此提高整个经济的生产率。应加强贸易、技术和创业之间的关键联系,将其作为更广泛的工业发展战略的一部分,该战略包括下列要素:

(1)更加重视国内的投资资源。这些资源应包括,例如,更广泛的税基,加强征收能力,减少逃税和避税,并阻止资本外逃和非法金融交易等。应根据适当的投资和财政条例和奖励办法充分利用国内外的主要资源。

(2)各国应尽可能多地从国际生产格局中获益。值得注意的是,东亚和东南亚国家已成功地实现了经济转型,并向价值链的上游攀升。运输基础设施、物流和跨境贸易设施的升级,以及商业环境、贸易和相关投资的改善,提高了这些国家的生产能力。显然,这些国家已经能够进入贸易增长最快的部门,即公司内部贸易和构成国际价值链支柱的中间产品和服务贸易。

（3）发展中国家的平均生产率约为欧盟平均水平的45%，北美平均水平的32%。技术升级对于提高生产力和提高生产能力至关重要。贸易发展会议指出，外商直接投资和贸易也可以在向国内公司传播知识和技术方面做出重要贡献。这意味着发展中国家应有明确的政策，将外商投资与技术转让联系起来，并使国内企业具备吸收和应用新技术的能力。问题在于，发展中国家的研发投资中值仅为0.57%，远低于工业国2.82%的平均水平。近年来，亚洲数字经济的发展趋势，特别是在电子商贸和金融科技方面的发展令人鼓舞，中国有可能在中期实现无现金社会。

（4）企业家和创意工作者是现代社会包容性发展和能力建设的重要参与者，能发挥关键作用。作为独立的经营者，他们可以承担创业风险，参与数字环境下的创业，创建自己的企业。他们还可以通过社会影响投资以及与处境不利群体的直接接触促进社会发展，为其生产能力提供支撑。通过各国政府为这些中小型企业提供有利的政策框架，可以为培育创业文化创造肥沃的土壤。例如，亚洲共享经济的兴起，在一定程度上是由于数字技术的传播，以及生活在快速城市化的亚洲的需求。具有环保意识的消费者很容易将共享经济作为一种能源共享和有效利用资产的手段。另外，共享原则还可用于支持亚洲老龄化社会的老年人，作为家庭和服务提供商的微企业家参与家庭共享。

（二）除了绝对贫困，日益扩大的贫富差距也会极大地抑制包容性增长。

不断扩大的不平等往往具有自我延续的性质，导致在机会和社会福利设施方面造成更多的不平等。随着亚洲经济的快速增长以及在资本主义市场机制竞争力的影响下，无论是在信息、金融、谈判能力还是消费者保护方面，任何形式的平等都难以维持。基尼系数是衡量不平等程度的指标，指标中1.0是完全不平等的状态，在过去数十年中基尼系数一直在上升，从平均低于0.4的水平上升到了接近0.5的水平。法国经济学家汤玛斯·皮凯提在他关于不平等的历史趋势的著作[60]中提出了重要的观点：自由市场体系有一个财富集中的自然倾向，因为资本回报率，即产权和投资，一直高于经济增长的速度。他的财富集中论可能也适用于亚洲，因为在过去10年里，由于发达国家实施了被称为量化宽松政策的超宽松货币政策，导致资产价格飙升，亚洲新富豪数量显著增加。尽管大量流动资金的涌入增加了基于资产的收入，但工资收入并不总是随着劳动生产率的提高而上升，甚至大多数时候处于低迷状态。除非经济能够保持工资增长和生产率提高之间的有机联系，否则很难解决这种差距。因此，必须由各国政府认真并广泛采取提高技能的劳工政策可能是消除差距的真正关键。

众所周知，高度不平等可能会拖累经济增长，因为总体消费需求可能会受到抑制。但是，较高的增长与高度不平等有关这一结论并非在所有情况下都成立。对于以农业为基础的经济，农业收入的增长通常决定总体增长,在这种情况下并不会扩大不平等。以国家最低收入群体收入增长为基础的增长也应该是平等的,这一点得到了联合国《2030 年可持续发展议程》其中一个目标的支持。通过农业生产力支持、农村就业保障和向贫困家庭提供有条件现金转移支付等再分配政策实现的高增长,可以帮助缩小收入差距。正如我们所见,经济增长在减贫方面非常重要,我们仍然希望从增长开始减少贫困,而不是缺乏增长。

如果想把不平等问题与全球状况联系起来,那么这就是基于个人而非基于国家的全球不平等概念。根据入户调查,布兰科·米拉诺维奇[61]总结指出,发展水平不同的国家的个人收入差距从 1980 年左右的超全球化伊始才开始,一直持续到世纪之交。全球不平等远远大于任何一个国家内部的不平等。在工业革命时期,全球三分之二以上的不平等现象都可以用收入阶层因素解释。但目前,地理位置或公民身份因素(即是富国还是穷国的国民)是全球三分之二以上不平等现象的原因。这意味着,一个人近 70% 的收入取决于他生活或出生的国家的平均收入。因此,在这种情况下,自然人的迁移或流动——多哈议程下备受争议的谈判领域——是一种至关重要的现象,一旦实现自由化,将有助于消除部分全球收入差距。但同时增长也很重要,正如米拉诺维奇所言,如果新兴市场经济体继续以比发达国家更快的速度增长,我们可能会回到工业革命[62]前后的状态(即更平等的状态)。以下建议对"一带一路"倡议可能有一定价值。如果"一带一路"倡议不仅能促进新丝绸之路沿线的增长,还能促进人口流动,那么它将大大有助于缩小全球差距,而这也被视为以发展为主导的全球化的一种增值。

在全球层面,尽管出现了政治反弹和民众抗议与暴动,但贫富差距的扩大从未间断。2010年,全球最富有的358人拥有的财富跟最贫穷的50%人口相当。牛津饥荒救济委员会的数据显示,这一比例在2016年降至68人,2017年降至43人,到2018年则仅为26人。美国前总统巴拉克·奥巴马曾将不平等称为"我们这个时代的典型问题",而教皇方济各则表示,"不平等是社会罪恶的根源",并抨击了"不受任何约束的市场和涓滴理论"。2013年诺贝尔经济学奖得主罗勃·席勒曾警告称,当今最重要的问题是美国和世界上的不平等加剧,并进一步表示,不平等是不公平的,并且会对民主和社会稳定构成威胁。在充分考虑到政治和技术方面对贫富差距困境的重视的情况下,在情况好转之前,假如真的会有所好转,差距恶化的趋势很可能会加剧。为了与时俱进地讨论关于不平等的问题,在此可以增加三个引起对不平等问题担忧的原因。

其一,在贸易方面,贸易发展会议的《2018年贸易和发展报告》对贸易及其在超全球化保护伞下造成的不平等提出了高度批评。在这方面,报告中有这样令人震惊的描述:"事实上,现在越来越多的人认识到,超全球化下的贸易模式不仅影响了全球北方,也加剧了全球南方国家国内收入和财富分配两极分化,从而加剧了各国国内的经济不平等。这一观点得到了最近发布的数据的支持,而该数据对全球价值链(GVCs)附加值进行了分解。数据显示,导致以上结果的部分原因在于全球价值链的扩散,部分在于领头企业的运转情况,而这些企业大多是大型跨国公司,是当今国际贸易中最重要的参与者。"[63]贸易发展会议最为关注的是工资收入在 GDP 中所占份额不断减少的全球趋势,全球南方出口商在全球价值链向上攀升的机会不足,以及控制着全球供应链的大型跨国公司的主导作用。唯一的例外是,作为价值链的一部分,中国制造业的劳动力收入占比上升了,但更多是由于制造业装配线就业人数的增加,而不是因为低技能工人相对工资收入的增长。

其二,亚洲各经济体的数字化正快速向前发展,可以成为提高生产力的一股推动力量。但与此同时,这些以知识为基础的经济体将不得不面临伴随数字化应用而来的负面效应,包括行业失业率上升、数字连接中断以及数字初创企业的兴衰。此外,知识密集型无形资产受到知识产权法律的良好保护,因此租金价值巨大,具有一定的稀缺性价值和市场支配力。这也将增加这些专利所有者的利益份额,并可能进一步压低以劳动力为基础的工资收入份额。

其三,亚洲的快速城市化产生了不平等新视角。进城的新移民往往在建筑业、家政服务业、低技能制造业做着非正式的工作，过着城市贫民的生活，通常得不到正规的社会服务。由于城市地区的生活成本比农村地区高，城市贫困人口的生活质量受不平等影响更大。与此同时，当地理位置成为投资决定的决定性因素，物流网络便捷的地区与较偏远的内陆地区之间就出现了不平等现象。外商投资和贸易机会进一步向交通发达的地区倾斜，因此这些城乡差距和地理特征上的劣势导致了更多的贫富差距。亚洲国家已经表明，通过实施以纠正区域间增长不平衡为目标的投资政策，以及建设把富裕和贫困区域更紧密地联系在一起的经济走廊，可以使差异性增长变得更加平衡。"一带一路"倡议可能需要考虑地区因素，努力限制并尽可能缩小不断扩大的差距。

（三）世界上大多数国家的基础设施和相关服务供应不足，由此阻碍了发展的步伐，这是公认的事实。

主要基础设施服务范围和社会基础设施一样广泛，涵盖各种领域，包括教育和医疗、电力、电信、交通、供水和能源等。对于一个渴望在全球市场上具有竞争力、运行良好的经济体来说，这些基础设施服务都至关重要。基础设施产业是一个经济体整体竞争力的重要决定因素。作为任何经济体的中心，基础设施产业与建筑业后向关联，并且几乎和所有其他行业/其服务使用者有前向关联关系。但是，由于基础设施项目是资本密集型项目，从设想到实施会有长时间滞后，因此需要在管理上保持连续性和一致性，才能成功实施。尽管众所周知，在过去几十年中，亚洲一直致力于建设一流的基础设施，但投资不足以导致机场、海港、公路、高速和水路出现瓶颈，并导致大面积城市地区卫生状况变得糟糕。亚洲开发银行措辞严厉地表示："这些发展瓶颈是由于公共部门收入调动水平较低、公共支出优先次序有误、机构薄弱、监管失灵，以及金融体系不发达，不鼓励长期私人资本流入基础设施项目所导致的。"[64]

由于"一带一路"倡议一般涉及基础设施投资，因此特在此列出了一些应加以考虑的与基础设施行业相关的异常情况和敏感问题，可能会有所帮助。

基础设施总是伴随着社会和政治倾向，因此可以预见公共干预和民间团体的介入。

（1）各国政府认为一些基础设施服务，如港口、机场和发电厂等具有战略重要性，并且通常会涉及政治进程；

（2）由于其资本密集性，包括技术和管理需要，基础设施投资可能需要私人参与，而这种参与应在成本和收益分担方面加以规范；

（3）基础设施行业往往涉及具有垄断性质的实体网络，因此需要在竞争政策方面制定透明的规则；

（4）亚洲区域一体化正在加强区域基础设施发展以及交通、

能源网、港口和机场等领域的合作：分担开发成本以及发展规模经济和范围经济，有助于弥补融资缺口。

鉴于基础设施跨国公司正逐渐成为国际项目以及"一带一路"倡议的主要参与者，不妨在此列出贸易发展会议在这方面的一些意见：[65]

（1）发展中国家跨国公司的国际参与度显著提高，甚至成为全世界运输项目的领导者；

（2）中国和印度的基础设施跨国公司除了在海外正常运营外，同时也为各自国家在采掘业，如石油、天然气和采矿方面的投资提供了支持。在20世纪70年代和80年代期间，日本经历了一段经济快速增长以及资源不稳定的时期，日本跨国公司在采掘业和基础设施项目中均参与了重大投资；[66]

（3）基础设施跨国公司通过并购，力争在竞争激烈的基础设施建设市场中占据主导地位；

（4）发达国家和发展中国家的主要基础设施跨国公司大多都是国有企业；

（5）通过私人股权公司和主权财富基金的参与，可以获得更多的资金来源；

（6）国际货币基金组织和世界银行迅速施加的私有化条件，可能导致借款国无法建立健全的监管机构。

尽管在过去十年中,亚洲发展中国家在基础设施预算方面取得了一些进展,但在 2016 到 2030 年间的基础设施投资大约需要 26 万亿美元(亚行 2015 年估算值),即每年 1.7 万亿美元。由于亚洲各地的基础设施构成和投资缺口存在很大差异,因此基础设施投资的估算往往很复杂。随着更全面的基础设施投资数据出炉,实际需求可能会高于这些估算值。总之,融资仍然是制约亚洲基础设施发展的关键因素。不包括中国在内的亚洲发展中国家,目前的投资缺口约为 GDP 的 5%。投资需求最大的主要是能源部门,其次是交通和电信。促进公私伙伴关系方案必须通过强调对私人投资者的充分保护、有吸引力的风险分担安排、项目的透明度和可执行的合同来发挥作用。这些都需要机构间的联系,以制定有效的政策和体系,加强无缝连接,而这与物质性基础设施本身同等重要。如果"一带一路"倡议能依据上面的建议,在促使私营部门参与投资的同时,促进成员国之间的合作参与,从而实现机构改革,那么就能在除财政之外的方面真正有所贡献。

为基础设施发展提供支持是亚洲开发银行(以下简称亚行)的核心业务领域之一,也许我们可以在亚行这方面的经验中吸取一些教训。亚行的基础设施业务不仅限于建设有形资产,还包括一系列配套服务,包括促进公私伙伴关系(PPP),通过发行债券和股权参与进行私人融资,推动机构和政策改革,以及通过加强基础设施优势支持物流体系,增加贸易和投资。基础设施施工涉及所有相关领域和部门，例如，供水、卫生、城市基础设施废物管理系统；能源部门的能源供应、清洁能源和能源效率；以及农村道路，农村基础设施的电气化和灌溉。

（四）制定经济政策是比较复杂和有争议的，因为主要目标之间并不总是一致。

虽然我们的目标是实现合理的经济增长，从而减少并消除贫困，但高增长本身将带来环境恶化等消极后果。因此，当我们提出环境可持续增长的要求时，必须实现增长、社会保护和环境升级之间的平衡。实现绿色经济的目标必须等同于实现包容性增长目标。绿色经济的目标应通过为贫困人口创造新的就业机会，并提高其获得能源、水、住房、交通、通信、医疗和教育等基本服务的机会，来改善不同国家以及各国内部的生活水平。因此，需要积极的发展中国家致力于实现向绿色经济更合理的过渡。

亚太地区是世界上碳密度最大的地区之一。尽管近几十年来，亚太地区在大幅减少碳使用方面付出了巨大努力，但由于有着全球最高的化石燃料补贴率，该地区的一次能源强度仍处于过高水平。高度依赖进口化石燃料，使亚洲面临油价波动和极端天气等气候变化带来的不稳定影响的风险。亚太地区太阳能、水能、风能、生物质能、地热能、海洋能供应充足，应该能够更好地实现能源平衡利用。尽管如此，亚太地区目前的能源结构仍以化石燃料为主，可再生资源仅占总发电量的18%。联合国大会宣布将2014—

2024年定为"联合国人人享有可持续能源十年",重点在于三个主要目标:提高能源可及性、能源效率和可再生能源在总能源结构中的占比。通过联合国亚洲及太平洋经济社会委员会(ESCAP)的协调努力,亚太地区就加强能源安全和能源可持续利用的区域合作五年行动计划达成了协议。行动计划的一个关键内容是发展共同的基础设施,并推动实施加快区域经济一体化的能源政策。亚太地区已经在东盟电网、新兴的南亚电力市场和大湄公河次区域(GMS)电力市场实现了一定程度的能源互通。在相同的愿景下可以将部分次区域倡议联系起来并加以扩大,以便为更平衡的能源结构提供更强有力的支撑。

亚行将重点放在提高能源效率、扩大清洁能源使用、实现公共交通系统现代化以及制止森林砍伐等方面,以支持推动亚洲经济体走上低碳增长的道路。为了减少亚洲城市的碳排放量,亚行一直致力于解决快速城市化带来的环境问题,如水污染、固体废物管理和减少城市废物。在全球层面,2002年在里约热内卢举行的一系列联合国可持续发展会议,帮助提高了人们对绿色经济发展的认识,并加强了政策力度。特别是在绿色产品和服务跨国界传播的贸易领域,推动了全球有机食品和饮料产品市场,并提醒各国警惕由于对绿色设备实行的政府补贴和税收制度感到担忧而产生的新形式绿色保护主义。各国政府支持绿色经济的国家政策与其多边贸易义务之间可能发生冲突,这强烈表明必须在国际范围内实现有效的过渡,以防止和处理可能出现的冲突。否则,在全球经济政策其他领域的承诺就可能妨碍促进更具可持续性并且更可靠的绿色经济的真正合理的努力。

由于技术进步是绿色经济的催化剂,及时有效的技术转让对促进全球绿色经济转型至关重要。一些新兴经济体在可再生能源行业的地位的确有所上升。太阳能电池板和风力涡轮机等可再生能源技术是产量增幅最大的绿色产品之一。发展中国家在向全球市场供应这些产品方面取得了重大进展,在全球出口市场中所占的份额现在已超过50%。中国目前是全球最大的太阳能光伏电池板和风力涡轮机生产国,印度紧随其后。巴西、中国、印度、哥伦比亚、泰国和马来西亚等一些发展中国家也在生物乙醇和生物柴油产品的全球市场上取得了长足进展。如果世贸组织《与贸易相关的知识产权协议》(TRIPs)能够在对特定药品实行豁免制度,支持公共卫生的同时,引入一些灵活性,发展中国家就可以更自由地使用基本绿色技术的强制许可范围,提高其生产潜力。[67]

(五)再次采取"雁行模式"的亚洲,将不得不从单纯的拥有廉价劳动力的制造业组装工厂,升级为有着技能水平更高的劳动力和更高技术水平的生产模式。

为了保持与世界其他地区竞争的能力,以及为民众创造更多的繁荣,亚洲必须提高生产效率,以更少的资源和人力生产出更多的产品。亚洲必须高度重视,不仅需要如此前所说的通过增长来衡量取得的进展,还需要将人力资源的质量和全要素生产率（TFP）指标作为衡量标准。全要素生产率是除去劳动、资本、土地等要素投入之后的"余值",有着人力资源开发和创新这两个无形生产要素的贡献。全要素生产率的上升可能与工资水平的提高以及工资收入在国民总收入中比重下降有关。因此,提高技术发展水平不仅仅是一个深奥的问题或跨越所谓的中等收入障碍,而应被视为创造更好的生活质量和减少收入不平等最有效的手段。

然而,在亚洲国家技术升级改造的道路上至少会有三方面的问题:一是亚洲发达经济体将超过 GDP 的 2% 投资于研发和创新,但是低收入国家在这方面能负担得起的投资要少得多,所以问题又回到了亚洲如何改革其财政政策,从而能调动更多的收入用于多方面发展;二是教育制度的重新定位是一项艰巨的任务,需要长期不断地进行调整,通过强调科学、技术、工程、艺术和数学的基要真理,从传统的生搬硬套转变为更富有创新性的思维和问题解决方案;三是通过严格执行知识产权法,鼓励私营企业更积极地参与（财政激励似乎不够有吸引力）,改善高等院校与企业孵化器之间的协调,体制改革必须更加持久。

亚洲经济体数字化的突破,有力地推动了技术在亚洲经济体中的融合。2014 年,全球 19 亿部手机中有一半是在亚洲生产销售的,其中中国占了大部分（约 70%）。在亚洲,手机是使用最广泛的社交媒体平台。这些智能手机也可以提高亚洲农村地区的产量和生产效率。在不丹的山区，当地农民依靠手机获取世界农产品价格，而这可能是他们生产计划和营销战略的关键决定因素。在印度南部，喀拉拉邦的渔民使用手机在开阔的海域定位鱼群，以提高捕鱼效率，同时与批发商取得联系，为他们的渔获物寻求最佳的市场价格。在泰国农村，农民使用自动传感器来测量水位，这可能对他们决定种植水稻或果树起决定性作用，也可用于确定鱼虾养殖场的喂养频率。

亚洲各国政府现在受到了初创企业激增的激励，这些企业的飞速增长似乎远远超过了传统商业活动的增长速度。创业公司有利于推动更多创新和应用现代在线技术的新方式，促进管理、生产、生活便利甚至是医疗服务。之前已经提到，产业政策是工业化的主要平台，而政府的主导战略可以为这些企业提供支持。经验表明，即使在工业化经济体中，初创企业的生命周期表明仅有约 30% 的初创企业能挺过头 5 年。在亚洲发展中国家，成功存活的比例可能更低，可能仅在 10% 到 15% 左右。因此，政府在初创企业生命周期早期的初期支持，包括在更具创造性的众筹平台上提供资金支持是必要的。正如我们在中国所见，降低创业成本也可能是另一个激励因素。为了降低无线设备和互联网接入的成本，中国政府明智地在信息通信基础设施上投入了巨资。凭借在信息通信服务的基本优势，印度准备进行"智能电网"改革，连接可再生能源的各种来源，以缓解三分之一的印度人口无电可用的困境，并为创业企业提供更好的机会，使其发挥更显著的作用。总而言之，不可让网络平台的扩张造成财富分配不均。新技术的颠覆性力量得到了充分承认，任何计划实现经济数字化的政府都应将其纳入政策考虑范围。不仅应推动内陆农村地区更多的网络接入，缩小交通便利和偏远地区之间的差距，新的数字技术，如人工智能、大数据和云计算，都必须与民众的基本生活相关联，应被用于提高农业生产力，支持中小企业，以及为亚洲规模较大的非正规部门制定更正规的制度安排。这些努力均表明，为使"一带一路"倡议成为一个包容性的连接平台，可以考虑扩大其在物质性基础设施和网络布局方面的覆盖范围。

（六）在金融服务方面，对于一个经济体应允许多大程度的金融化，才能防止导致2008年美国次贷危机和全球衰退的过度金融化问题，目前还没有定论。

同时，金融服务应针对中亚的巨额储蓄池，以实现真正的生产性投资。对亚洲金融业的诟病基于以下几点：一是商业银行通常通过风险转移贷款策略在金融领域占据主导地位，以支撑金融机构的稳固性，但对于国家经济而言可能增长导向性不足；二是亚洲有大量人口，尤其是农村地区和非正规部门，仍然无法获得正规金融服务，或者所获得的服务有限；三是金融服务自由化进行得相当慢，可能作为一种预防金融体系之外影子银行活动困境的措施，但限制了降低融资成本的机会；四是随着网上银行的兴起，金融科技公司的点对点交易以及未来无现金经济、金融体系的颠覆性力量都必须得到中央政府的充分管理，不允许对整个经济有任何破坏性的反弹。

就宏观经济状况而言，1997—1998年金融危机中汲取的教训，似乎使亚洲整体金融体系其变得更稳定，复原力更强。银行整体资本充足率不会带来任何问题，在不受控制的增长中提高了的贷款质量也不会受到影响。除了一些经常账户赤字严重的经济体外，货币已经变得稳定。由于工业化国家过度的量化宽松货币政策，导致大量外国流动资本涌入，各种货币都有过快升值的趋势。随着在线支付和其他金融交易越来越普遍，亚洲迅速进入了金融科技领域，以前没有银行账户的人群将获得更好的服务。然而，随之而来的加密货币的流行必须受到货币当局的严格监管，这主要不是为了抑制加密货币狂热本身，而是为了防止其交易的投机性让无知的小投资者蒙受损失。

新开发银行、亚洲基础设施投资银行、丝绸之路基金等一系列新成立的金融机构应能为亚洲项目提供充足融资，而亚行的新重点应放在私营部门可能不愿投资的领域。下一章将更详细地讨论这些金融机构的一些贷款实践之间的协调，并将尝试阐明"一带一路"倡议的概念和范围及其附带的金融条件。现在可以得出这样的结论：亚洲不应过于关注资金不足，而应更加关注新丝绸之路沿线项目的条款和条件以及项目的质量和所有权。当然，这些项目贷款并非出于慈善目的，而应该利用纯商业金融开放的空间，更多地向发展道路倾斜。从长远看，"一带一路"沿线互联互通的加强，将为各方带来实实在在的利益，各国生产能力将得到加强，并将更加均衡地共享经济增长成果。

（七）由于目标差异性大，需要进行结构改革的范围很广，整体战略的管理任务更加艰巨。

这也日益要求公共部门机构努力提高管理公共资源的效率和透明度。世界银行采用"经商便利度"对公共部门的效率和改革进行评估。该机构发现，2019年（基于2018年的数据）全球范围内将发生有史以来数量最多的改革，其中东亚和太平洋国家在改革中所占比例最高。排名前五的国家包括三个亚洲国家和地区，即新加坡、韩国和中国香港。然而，只有少数亚洲国家签署了世贸组织《政府采购协议》。该诸边协议中有关透明度因素以及政府合同中对手方的公平和公正待遇的要求令人瞩目。随着世界经济进入新一代全球化，治理的效率和完整性将成为检验公共政策是否可信、是否更有可能成功的试金石。随着全球经济领域中的货币战争和贸易战日益凸显，新重商主义力量逐渐抬头，而具有讽刺意味的是，这些力量来自西方先进国家，新一代全球化可能需要抵御去全球化趋势的冲击。更重要的是，应该加强亚洲倡导的有利于贸易和投资开放的集体治理，以实现平衡。尽管"一带一路"倡议不是一个有组织的治理机构，但开放、互联和流动的共同精神可以为参与伙伴国家的融合提供一个共同的基础。这可能有助于证明，区域和全球经济福利可以从源于这项倡议的全球共识关系网中获益。

（八）作为外生因素，亚洲的人口结构及其发展可能对亚洲的经济和社会命运产生重大影响。

2004—2025 年，亚洲人口预计将增长 7.5 亿，这将对劳动力市场，以及教育、医疗和社会保障等基础服务产生重大影响。亚洲拥有两种类型的经济，既有年轻劳动力不断增长的经济，也有人口老龄化和劳动力萎缩的经济。两种类型经济的人口结构将朝着不同的方向转变。年轻劳动力不断增长的国家可以通过劳动力的充分供应享受人口红利，并在劳动密集型产业中吸引外商直接投资。这些国家可能还会面临创造就业机会的挑战，而这将需要支持性增长。例如，由于这些人口红利，印度和菲律宾能够获得相当大一部分外商投资。由于女性劳动力参与率异常高，越南也获得了大量外商投资。在全球贸易放缓的情况下，这些国家还能够平衡外部需求和国内消费需求。对于中国、日本和泰国等人口老龄化趋势明显的亚洲国家来说，必须更多地朝着通过技术发展提高劳动技能和生产效率的方向发展。对于劳动力供应严重不足的泰国来说，其国内的劳动力流动对于吸引移徙工人填补劳动力供应缺口是不可或缺的。

人口老龄化国家将需要调动更多财政收入，以满足医疗需求和提供准备基金，同时还必须应对劳动力减少导致的税收减少问题。劳工管理部门必须更加灵活地延长退休年龄，返聘退休人员在各自的专业领域从事兼职工作。在区域一体化进程中，应鼓励劳动力流动和社会保障的可移植性，以便在劳动力需求和供应之间重新建立更好的平衡。多哈发展议程（DDA）谈判中的所谓新加坡议题之一是自然人流动问题，这一议题获得了劳动力过剩的发展中国家的支持，但未得到发达国家的赞成。因此，在"一带一路"倡议这一较小范围内的基础上，可以试验一定程度上的劳动力流动自由，以便制定出区域移徙协定。2016年，东盟成立了东盟经济共同体，开启了深化一体化进程，并允许8个方面劳动力的自由流动。

亚洲区域一体化的潜力

与其他大陆相比,亚洲的区域一体化起步较晚,演变成熟用时较长。1967年由印度尼西亚、马来西亚、菲律宾、新加坡和泰国5个创始国家组成的东南亚国家联盟(ASEAN,简称东盟),是亚洲在政治合作方面历时最长的进程,其主要目的是促进区域和平与安全。1985年成立的南亚区域合作联盟(SAARC,简称南盟)是历时第二长久的区域合作尝试,其目的是组织和统一7个原始成员国的政府:孟加拉国、不丹、印度、马尔代夫、尼泊尔、巴基斯坦和斯里兰卡,以促进相互进步和发展。这两个联盟一路走来都要克服各种政治挑战,可能因此推迟了上述目标的早期进展。南盟最近一次峰会于2016年在巴基斯坦伊斯兰堡举行,尽管联盟可能仍主要需要应对政治分歧,但其遭到了一些成员国的联合抵制。东盟也花了相当一段时间才从政治议程过渡到经济议程。1992年,东盟提出了共同有效优惠关税协定(CEPT),以补充东盟自由贸易区协定(AFTA)。1995年越南加入东盟;1997年老挝和缅甸加入东盟;1999年柬埔寨加入东盟;东盟至此扩大吸收了4个新成员国,充分体现了其"开放区域主义"原则。

随着这些新成员的加入，可以说整个东南亚地区第一次实现了完全统一，东盟开始走上一条更深层次经济和政治一体化的新道路。

东盟经济一体化的原始基础不是单纯以扩大东盟内部贸易额为基础推进区域营销政策，而是要增强东南亚在全球市场上，特别是在吸引外商直接投资方面的竞争力。2014年，东南亚国家累计使用外商直接投资1300亿美元，赶超中国的1285亿美元，但2017年东南亚国家外汇储备下降至1080亿美元，而中国的外商直接投资仍保持增长，高达1337亿美元。众所周知，东盟作为促进非暴力解决冲突的论坛，在政治上取得了相当大的成功。作为一个统一的经济实体，东盟必须面对若干挑战，维持其开放和不干涉的核心战略，逐步摆脱后殖民冲突和贸易保护主义，加强其成员国之间以及与世界经济的一体化。2016年，东盟经济共同体成立，启动了东盟经济、社会和政治一体化深化进程，可以说是务实合作和开放区域主义的进一步成熟进程。随着对外商投资的成功开放，东盟的投资出口关系相互协调，带动了出口总额，特别是东盟内部贸易的增长。1967年，东盟内部贸易仅占东盟贸易总额的9%左右，现在已上升到近25%。东盟一直在其声明和章程中坚持的战略取向，包括在外部的政治、经济和社会关系中以东盟为中心，坚持多边贸易规则，促进区域和全球一体化，以及朝着消除所有阻碍的区域经济一体化进程，均成功地经受住了时间的考验。

当然，批评人士会提出质疑，认为东盟的进展缓慢，经济一体化程度不高，东盟内部贸易的潜力大于其实际成就，并且在当代地缘政治议程的冲击下，东盟的团结有轻微分裂的迹象。为了在评估中保持平衡，我们应该对东盟未来的可行性，其与邻居中国的关系，以及沿着"开放的地区主义"路线向区域全面经济伙伴关系（Regional Comprehensive Economic Partnership）的进一步蜕变进行一些深刻思考。

首先，更深层次的一体化表明，亚洲各主要经济体的商业周期正在同步，凸显了加强宏观经济政策协调可能带来的潜在好处。[68]2008年全球经济衰退导致当前周期贸易增长缓慢，以及随后未能被遏止的保护主义浪潮和世界贸易组织多哈回合谈判陷入僵局，都可能严重破坏东南亚的贸易增长。在对外贸易方面，东盟更加以中国为中心，有力地推动了东南亚地区的出口增长。如果美中之间的贸易角力最终对中国经济造成不利影响，东盟可能会受到影响。即使这些"以牙还牙"式的贸易报复措施不会立即导致贸易放缓，但对经济不确定性的短期影响可能会使投资枯竭，并向东南亚股市发出负面信号。除贸易周期放缓外，阿根廷、委内瑞拉、巴基斯坦和土耳其等一些背负主权债务负担的新兴国家的困境，可能导致相关的传染效应，引起一些有着巨额经常账户赤字的东南亚经济体汇率波动。贸易发展会议一贯呼吁就汇率制度的行为守则达成某种协议，可能有助于消除东南亚地区汇率的一些波动。在现阶段,清迈倡议多边化协定可能还会纳入一个框架,作为最终建立一个成熟的亚洲货币基金组织的前导。

其次,自 2010 年以来,东盟内部的区域内平均关税水平已几乎降至零,但同期非关税措施(NTMs)的发生率有所上升。大多数非关税措施都与卫生和植物卫生措施(SPS)、技术性贸易壁垒(TBT)法规有关。尽管非关税措施的初衷是好的,是作为保护产品安全、质量和环境标准的手段而实施的,但其本身可以限制贸易或导致贸易扭曲意向。因为非关税措施比关税更复杂,透明度更低,难以在采取措施前量化扭曲贸易的影响。贸易发展会议曾与世界贸易组织和货币基金组织共同设立了一个工作组,专门说明非关税措施的具体规定,并尝试收集私营部门报告的所有非关税措施的系统性信息。在 2015 年,东盟东亚经济研究中心(ERIA)与贸易发展会议和世界银行合作,开展了一项全面一致的项目,收集东盟 10 个成员国的非关税措施数据。[69]根据建议,按照世贸组织《贸易便利化协定》的要求,世贸组织成员国必须为进口商提供基本信息的贸易门户网站,可作为有关非关税措施所有信息的国家资料库。

再次,边界上的繁琐程序仍然是区域贸易中常见的争论点。尽管东盟过去曾努力协调关税程序,但东南亚的无缝贸易迄今仍是一个巨大的挑战。东盟进程瓶颈的关键原因之一在于其成员国之间缺乏统一的监管管理体系。虽然印度尼西亚、菲律宾、泰国等成员国的质量管理工作似乎起步较早,并且马来西亚的质量管理工作也较为成熟,但各国的执行还远未达到一致。例如,推动东盟国家和区域监管改革的主要原因是出于应对危机的需要,即1997—1998年的亚洲金融危机和2007—2008年的全球金融危机。[70]《2025年东盟经济共同体蓝图》的目标是到2025年建立统一的市场和生产区,这应成为整个区域监管改革的又一推动力。为了履行经济共同体的核心指令,必须为统一的市场和生产区制定有效的规章和管理制度。这类改革中需要基本保证条例的一致性和透明度原则,而这些原则可以通过增加相互承认协定得以加强。东盟与中国(2002年)、日本(2008年)、印度(2009年)和韩国(2009年)等国签订的多个自由贸易协定,可以引导东盟逐步实现自由贸易协定中所定义的有效监管实践。尽管各成员国正在以不同的速度进行改革,但在推进监管改革的漫长道路上,东盟经济共同体仍面临巨大挑战。但如果当局意识到有必要提高东盟与区域内以及世界上其他经济体竞争的能力,或者可能受到参与新丝绸之路沿线的激励,就能充分调动积极性,尽快采取共同行动。

然后,尽管东盟内部的关税自2010年以来已被长期取消,但东盟的多个自由贸易协定形成了"意大利面碗"效应,导致了一系列混乱、甚至相互矛盾的方案,尤其是在原产地规则(ROO)

方面。东盟的优惠贸易制度显然对私营企业没有足够的吸引力，因为在某些成员国，优惠贸易制度的使用并不均衡，而且使用率较低。区域内原产地规则的复杂性在于缺乏一致性，并且在"意大利面碗"效应影响下变得支离破碎。当与世界贸易区的原产地规则模式挂钩时，这种不一致性将成倍增加。当东盟成员国处于区域和全球价值链的不同阶段时，原产地规则的精准管理可能对在外部市场获得或失去出口竞争力具有决定性作用。值得注意的是，在马来西亚等效率相对较高的生产国，采用以原产地规则为基础的优惠制度一直有所限制，仅占其贸易总额的 10% 左右。从某种程度上说，这一结果可能表明，对于那些关税已经较为温和的高科技领域生产商来说，原产地规则计划可能不会有很大影响。

最后，如果东盟与东盟经济共同体的深度一体化会形成更强大的生产网络或区域供应链，那么其刚刚起步的服务业将不得不迅速赶上国际趋势。如果要将供应链的各个部分连接起来，各种服务，如运输、设计采购、生产网络管理等都不可或缺。随着东盟经济共同体迈向更大程度的数字化，各国都将需要广泛的数字服务。虽然新加坡的服务业占 GDP 的比重保持在 70% 左右（2015年），但其他国家的服务业占 GDP 的比重各不相同，泰国和菲律宾约为 60%，马来西亚为 50%，印度尼西亚和越南均为 40%。某种程度上，服务在产出中所占比重和人均收入之间似乎有着积极的关系。当然，金融服务领域在一定程度上与平均收入水平和制造业效率有关。在东盟，金融服务也是一个不容易实现自由化的领域。服务贸易限制是世贸组织将服务业从多哈发展议程中分离出来进行诸边谈判的原因，借此希望国际服务贸易协定（TISA）成为其他领域进一步贸易自由化的关键。特别是在各种研究中发现，服务贸易限制表明，通过促进服务业竞争和开放的政策，使服务尽可能具有可交易性，是提高服务产出和贸易的重要途径之一。

随着历时6年的区域全面经济伙伴关系谈判的结束，东盟经济共同体将转变为覆盖整个亚洲的一体化体系。区域全面经济伙伴关系的先进程度可能不及跨太平洋伙伴关系协定或全面与进步跨太平洋伙伴关系协定（其新名称）。但至少区域全面经济伙伴关系从根本上将更加以发展为导向，因为该伙伴关系将包括所有东盟成员国，而跨太平洋伙伴关系协定签署国只有文莱、马来西亚、新加坡和越南，并将保持东盟集团的中心地位。在中国、印度、日本以及澳大利亚的参与下，区域全面经济伙伴关系也将在经济和地缘政治方面实现更好的平衡。在庆祝东盟成立50周年纪念之际，成员国集团着眼于2025年及以后的东盟经济共同体发展，并就"一带一路"倡议为何是东盟必须抓住的真正机遇进行了探讨。"其潜力不仅在于物理连接（包括陆地和海洋）带来的好处，还在于新的供应链、生产网络、投资和市场。区域全面经济伙伴关系是'一带一路'倡议的补充，而东盟正在与六个对话伙伴就此进行谈判。区域全面经济伙伴关系旨在成为一项全面互利的经济伙伴关系协定,将对东盟及其对话伙伴之间现有的自由贸易协定做出重大改进,使各方更广泛深入地参与其中。一旦实现上述目标,16个国家间的自由贸易协定将形成一个巨大的市场,涵盖全球47%的人口,占全球贸易的40%以上。"[71]

区域全面经济伙伴关系协定议程应是具有前瞻性的,考虑到未来可能出现的贸易、投资、生产和发展合作问题,深化亚洲一体化。该伙伴关系包含了处于不同发展阶段的经济体,应为拥有不同政治制度、文化背景的国家的和平与繁荣共存铺平道路。区域全面经济伙伴关系可以进一步阐述东盟经济共同体议程上的伙伴关系,甚至可以考虑采纳跨太平洋伙伴关系协定方案中的一些条款。与"一带一路"倡议一道,区域全面经济伙伴关系应帮助促进几个亚洲国家正在进行的国内供给侧改革。此外,当时美国经济正在转向内需导向型发展,脱欧可能引发对欧洲一体化的质疑,而全球贸易保护主义正在抬头,区域全面经济伙伴关系可以带来贸易投资新动力,让世界经济增长的主要引擎更平稳。

区域全面经济伙伴关系协定若想成为21世纪的一体化机制,就必须考虑一系列将在未来的经济中占据主导地位的贸易和投资问题。东盟原本计划在2017年东盟成立50周年之际宣布启动区域全面经济伙伴关系,但现在已错过了那个期限。要真正产生影响并抵消去全球化趋势,应尽快让上述的区域全面经济伙伴关系生效。既然现在有了更充裕的时间，区域全面经济伙伴关系中应涵盖经济一体化的多个新议题，例如，有关电子商务、网络安全、突发事件处理机制、社会影响投资、实现联合国可持续发展目标的共同努力的新规则和条例，以及一些共同的法律框架，如统一竞争规则，以及世贸组织《政府采购协定》和《贸易便利化协定》透明度。在世界贸易发生诸多变化的背景下，区域全面经济伙伴关系协定不仅要在加强区域内贸易和投资方面发挥重要作用，而且要在多边基础上加强区域发展合作。

2018年11月，在巴布亚新几内亚举行的亚太经合组织（APEC）领导人会议首次在各方未能就最终宣言达成一致的情况下结束。多边贸易出现的裂痕正变得越来越严重，所有成员国必须就改革世贸组织的需求共同进行谨慎审议。推动开放贸易体系以造福于所有人的多边贸易体系不能被保护主义和去全球化的浪潮所取代。如果像亚太经合组织这样十分稳固的贸易集团都不能解决各国的分歧，那就必须对不祥之兆提高警惕。为了维持亚洲各国紧密关系，迫切需要区域全面经济伙伴关系这样的全面伙伴关系组织。尽管世界各地的危机频发，但亚洲经济发展势头依然强劲。亚洲已经取得了一些积极成果，证实了亚洲的崛起，但同时我们也需注意到一些不利因素。

世界银行最近的分析表明[72]，在亚洲不同收入阶层有着向上流动的趋势，例如，摆脱极端贫困（如柬埔寨），脱贫致富（如中国），以及中产阶级家庭占比大幅增加（马来西亚）。因此，收入向上流动可以说是东亚发展经验的一个标志，真正明确了包容性发展进程。与此同时，世界银行的分析也证实了按国家和经济阶层划分在很大程度上存在不均匀性。因此，永远不可能有一种放之四海而皆准的战略。世界银行采取了一种有意思的方式，将亚洲国家划分为不同的经济阶层，包括极端贫困、中等贫困、经济脆弱、经济安全和中产阶级。通过这种分类，包容性增长有了更具体的定义，不仅要减少贫困，而且应通过增加不同经济阶层之间的流动性实现财富的重新分配。

2002年，亚洲经济安全阶层和中产阶级人数占亚洲发展中国家人口的五分之一，2015年大幅增加到三分之二，由此可以清楚地看到亚洲的崛起，其中中国在这两种阶层中所占比例最大。与印尼、菲律宾和越南等其他中等收入国家相比，中国、马来西亚和泰国在这两个阶层中所占比例相对较大。世界银行总结指出，出口导向型制造业作为增长引擎，似乎没有过去强劲，这与我们前面评论的主题并不一致。从这个角度看，"一带一路"倡议可能不是经济增长的强大催化剂，正如世界银行所言，互联互通的增长可能会被这种趋势所抵消。世界银行的担忧有以下几点：

（1）大衰退后，全球贸易增长放缓至低于产出增长的水平；

（2）亚洲通过发展新的价值链进一步整合的潜力尚不明确；

（3）低收入国家需要持续与中国竞争；

（4）高收入国家制造业开始向技术劳动力和自动化转移；

除这些对以贸易为主导的增长的担忧外，世界银行还适当地表达了对缺乏广泛增长的主要担忧，这是由于以下长期结构性问题：

（5）人口红利转变为了人口税，以及亚洲"未富先老"；

（6）城市快速发展带来的环境压力和城市脏乱问题，增加了自然灾害风险；

（7）收入和财富现在越来越集中在富有的人手中。

我们不应忽视亚投行的担忧，因为其中一些担忧反映了我们此前所说的亚洲面临的挑战。亚洲的崛起并不是预先注定的，因此，亚洲只有谨慎行事，谨防偏离崛起道路，当然也不能否认任何批评。至于世界银行对全球贸易增长缓慢的评论，世界经济事实上直到2017年才完全复苏，贸易增长恢复正常，约为6%。问题在于，尽管新兴经济体决定扩大经济开放，但其对工业经济体的多边化趋势的反应非常冷淡。2018年，中国为削减贸易逆差而采取的贸易保护主义措施加剧，导致世界贸易量进一步萎缩。除了经济复苏不均衡和贸易限制事件外，全球产出增长似乎仍与贸易扩张密切相关。因此，我们不应完全取消出口拉动型增长，而应在全球范围内努力重振多边贸易体系。出口拉动型增长模式应予以削弱，而这种模式是建立在廉价劳动密集型模式基础上的，迫使发展中国家制造业出口商继续处于全球价值链中的最低水平。如果"一带一路"倡议能在增加互联互通的同时，创造投资流动，提高技能和技术，那么这项倡议将是支持价值链上的流动性的一个有用手段。

这让我们开始思考世界银行关于通过发展价值链深化亚洲一体化的第二点疑虑。这当然是可以理解的，因为亚洲经济一体化进程的速度还不足以令人信服。尽管如此，从东盟自由贸易区（AFTA）到现在的东盟经济共同体，正如我们提到的，将很快得到扩大，涵盖区域全面经济伙伴关系框架下的东盟加六国，当前一体化的势头比以往更加强劲。所有这些一体化平台都有利于在东南亚地区进行进一步跨境投资和创建新的供应链，而东亚经济体的快速数字化和随之而来的物流网络更是促进了跨境投资和新供应链的产生。的确，一个更广泛的生产商业化网络和覆盖整个地区的运输网络正在形成。

上述低收入国家面临的来自中国的持续竞争压力方面的特别担忧，在过去十年中可能是有道理的，那时中国的出口主要依靠廉价的劳动力密集型制造业。但现在这些国家在这方面可以不必那么担心了，因为中国已经经历了技术升级和工资成本上升的时期。除非他们将这些制造业转移到具有劳动力成本优势的国家，否则就可能因为价格过高而被挤出市场。中国对柬埔寨、老挝、越南和泰国等国的对外投资不断增加，有时投资目的地甚至远远超出了亚洲边界，因此可以判断出这一举措的力度有多大。美国目前对中国出口产品实施的贸易限制，产生了一个意外的效应，即刺激投资从中国沿海地区转移到不受美国关税上调影响的地区。不仅是低收入国家，几乎世界各国都需要一直面对来自中国的贸易竞争力压力。但这种压力现在正被新获得的从中国外流的投资所稀释，就像20世纪80年代的日本一样。

最后，世界银行指出，任何想要将其生产结构提高到更高的水平的国家，都有必要推动技能发展和技术升级，这一点无可否认是正确的。我们在亚行《2030战略》报告中可以看到相同的担忧。然而，这不是放弃将出口作为一种经济增长关键驱动力的理由。通过与外部市场更紧密的联系，各国将更加认识到必须继续推进生产力结构，特别是人类发展。后者的复杂性应该是引起社会关注的主要原因。在亚洲，发展中的人类因素的多样性涉及亚洲生活的关键方面，包括生活在社会边缘的各种少数民族，应对老龄化社会所需的社会调整，以及日益扩大的城乡差距。

在世界银行《乘浪前行：亚洲奇迹》报告中，确定了一项具有三大支柱的政策议程。该议程提供了丰富的背景，可供"一带一路"倡议的包容性构思参考，其中三大支柱分别为：一是促进经济流动；二是加强经济安全；三是强化包容性增长所需的机构。

第一个支柱的主题是缩小差距，这是在我们表述中反复出现的一个关键范式。世行的报告适当地强调了，有必要减少女性劳动力就业的障碍，以及城乡流动的监管障碍。此外，在扩大金融素养和包容性的同时，改善农村互联互通，简化微小型企业的创立过程也是可圈可点的。在东南亚，有一个区域有着高效农村互联互通，即所谓的 CLMVT 次区域国家（柬埔寨、老挝、越南和泰国）之间农村边境接壤的地方。随着以农村为主的边境地区开放和贸易便利化程度增加，贸易流动和人员流动得到加强，从而创造了更多的附加值。在边境地区设立海关手续透明的经济特区，已成为支持经济互联互通的常规政策措施。大湄公河次区域等次区域集团已通过陆路和水路的南北和东西经济走廊，将中国、缅甸、泰国、柬埔寨、老挝和越南的部分地区连接起来。"一带一路"倡议可以加强其中一些次区域合作，填补这些次区域基础设施投资的缺口。如此一来，对于参与经济体而言，"一带一路"倡议在扩大次区域之间的联系方面将更有助益，也更容易接受，同时能更好地与各国政府间商定的现有定期战略计划保持同步。

在进入下一章探讨"一带一路"倡议的内容和结构之前，我们可以先看看中国与东南亚现有一体化范式的关系，从而使我们有关亚洲再度崛起的讨论与"一带一路"倡议相吻合。中国幅员辽阔，与 14 个国家接壤，与 8 个国家海域相接。对中国来说，地缘政治和地缘经济的考量并非凭空而来，而是基于与有着不同文化、不同历史背景、不同志向、不同利益、不同民族自决权的人打交道的自然需求。尽管中国一直试图表明，其致力于在以和平与繁荣为主要目标的友好关系中寻求共同利益，但随着中国经济规模的快速增长和地位的迅速上升，这种关系已变得更加敏感复杂。中国社会科学院的研究人员承认了这种关系的复杂性："作为一个崛起中的大国，中国自然会扩大自己的利益，发挥影响力，这可能导致邻国质疑中国所宣称的选择和平发展道路的意图。近来，邻国对中国的不信任似乎有所上升。"[73] 邻国有时受到外部势力的刺激，会不确定中国是否有霸权野心。南海地区自然资源丰富，涵盖了连接东亚和南亚的重要海上通道，而这一地区的紧张局势不断升级，尤其加剧了东盟国家的不安情绪。因此，习近平主席呼吁在"亲、诚、惠、容"的指导原则基础上，构建中国与周边国家的"利益与命运共同体"。

尽管中国的 GDP 正在迅速赶上美国，成为世界上 GDP 最高的经济体，但其人均 GDP 仅为美国的五分之一。在中国的某些地区，贫困仍然普遍存在，可能主要的繁荣地区仍然是沿海地区。因此，中国必须在积极参与以规则为基础的多边贸易体制、建立和平的地区和世界秩序的基础上，优先考虑包容性发展。在前面几章中，我们看到，在习近平主席在讲话中指出，中国是开放的地区主义和发展引领的全球化的坚定支持者。2018 年在巴布亚新几内亚举行的亚太经合组织领导人峰会和在阿根廷布宜诺斯艾利斯举行的 G20 领导人峰会，反映出中美两国在全球立场上存在着明显分歧，源于中国对多边主义、世贸进程和全球化中的开放性的一贯支持，以及美国从这些传统的全球规范向"美国优先"保护主义的转变，对"多边主义"一词的抵制，以及美国对世贸组织的强烈批评并要求推动改革进程。最后这一点我们已经在第二章第二节的 C 部分"多哈回合议程：最后一轮贸易谈判"中有所了解了。世贸组织改革最重要的要求应该是一个开放进程，该进程不应只局限于亚太经合组织和 G20 成员国之间。这种世贸组织改革这样的重大工作，只有在世贸组织总理事会成员的监督下才能得以开展。改革议程必须首先由所有成员国审查，不能像过去的关贸总协定制度一样，可以由任何国家或任何特定国家集团主导。自 2001 年《多哈发展议程》出台以来，世贸组织一直在发生转变，变得更加注重发展中国家的贸易议程，我作为从 2002 年起任职的首位来自发展中国家的世贸总干事也曾多次强调：我们必须从全球南方的利益出发，着手解决改革问题。

中国提出的"一带一路"倡议作为保持国际贸易开放和公平的新体制，将使其全面促进对世贸组织议题的审议。中国可能需要提出一些改革提案，以防这些改革措施可能对中国的立场不利。总而言之，在开放的全球市场框架下，中国的宏伟战略将经济发展置于优先地位，而世贸组织改革如果能够得以实现，其总体基调应符合世贸组织的基本多边原则。中国的宏伟战略是通过"两个一百年"目标实现民族复兴的梦想，即到 2020 年，中国共产党建党 100 周年之际,全面建成"小康社会",以及到 2049 年,中华人民共和国成立 100 周年之际,成为高度发达的国家。要实现这一梦想,中国需要一个全球治理体系——世界秩序——为发展引领的全球化提供支持,同时还需要稳固的多边机构和开放的地区主义。

中国社会科学院的学者承认,中国从衰落的世纪走向复兴的历史性转变,必然会对中国与周边国家的关系产生重大影响。他们指出,关键在于如何处理大国之间的关系,以及避免可能会使不信任感升级,从而引发一场全面爆发的战争的所谓的修昔底德陷阱。[74] 除了这一陷阱之外,中国对其与邻国关系的处理在逐步取得进展。

(1)中国已成为大多数邻国的最大市场和日益重要的外商直接投资来源国;

(2)区域生产网络或若干产品,特别是电子产品部门的产品的供应链,将中国及其邻近经济体联系在一起;

(3)多个自由贸易协定、双边贸易协定和其他经济集团已将中国与其邻近经济体联系起来,进一步加强了现有的区域供应链。其中包括中国—东盟自由贸易区,东盟个别成员国与其他国家签署的自由贸易协定,中国云南和广西参与的大湄公河次区域经济合作,上海合作组织(SCO,第二章已对此进行了阐述),金砖国家,中国—东盟峰会,以及即将到来的并将于不久的将来缔结的区域全面经济伙伴关系。

1997—1998 年亚洲金融危机期间，中国向脆弱国家提供金融援助，保持人民币汇率稳定，为这些国家实施复苏政策留出时间，中国与东盟的特殊联系和信任得到了加强。中国还从遭受危机冲击的经济体特别采购出口产品，帮助其减轻外债压力。2008 年，中国向东盟派驻大使，表明中国承认东盟是值得信赖的地区实体和重要伙伴。中国一贯支持东盟主导和协调区域对话合作框架的中心地位，只是警告东盟在中国南海敏感问题上持中立态度。随着区域全面经济伙伴关系协定的缔结，将有更多的途径强调经济和政治合作，并寻求一些中立立场和有共同利益的领域，以维护争议地区的和平与稳定。中国—东盟战略伙伴关系还需要通过为海洋环境保护、海洋资源联合开发、海上航行和渔业安全等联合倡议和项目寻求更多合作议程，实现进一步发展。作为 21 世纪海上丝绸之路的一部分，这些水道可以成为该计划的一部分，通过贸易便利化措施促进贸易，通过联合投资改善海上基础设施，以及将东南亚的经济影响范围扩大到中国南海以外。以海上丝绸之路为重要组成部分的"一带一路"倡议，可以制定一个区域和全球议程，将一些经济和政治敏感问题纳入考虑范围，而通过让更多的经济体共享利益，这些敏感问题可能会得到更妥善的解决。

"一带一路"倡议：
通往发展主导的全球化之路

第四章

"一带一路"倡议：21世纪的丝绸之路

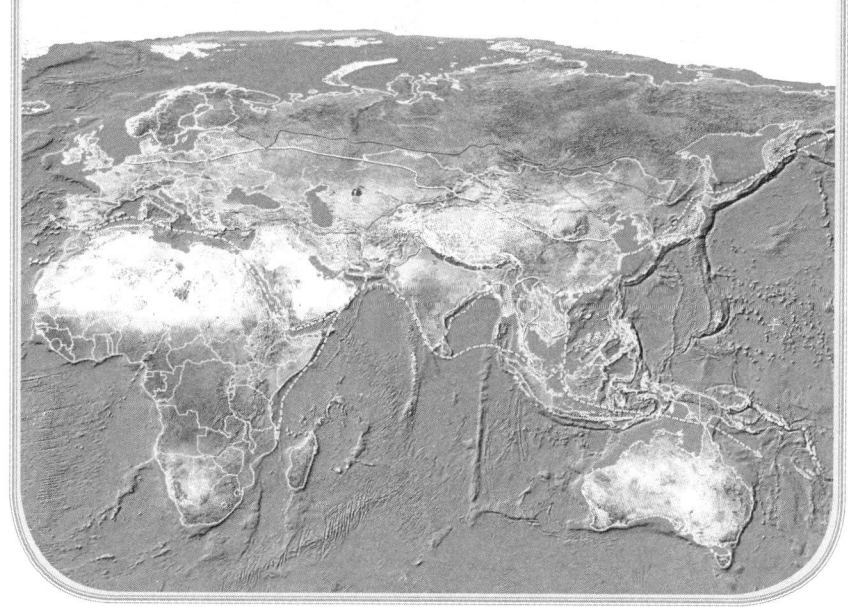

"一带一路"倡议：命运共同体

长期以来，中国思维过程一直以哲学规范、战略文化、长期愿景和"摸着石头过河"的谨慎心态为基础。2013年9月，习近平主席在访问中亚四国期间在哈萨克斯坦首次提出自己对"丝绸之路经济带"的看法，这一举动颇具战略意义。横跨亚欧两座大陆的中亚地区是当今全球地缘政治格局的关键，本身就是一个中心地带。2013年10月，习近平主席在向印度尼西亚议会发表的一次讲话中再次提到"经济带"，并提到"经济带"的补充——"21世纪海上丝绸之路"。这一概念在印度尼西亚的提出很及时。印度尼西亚是东南亚的重要经济体，拥有数量最多的穆斯林人，可谓另一中心地带。"经济带"最终演变为"一带一路"倡议，可以说，这"一带"部分应来自习近平主席在哈萨克斯坦的讲话，"一路"部分来自他的印度尼西亚的声明（虽然当时声明更多涉及海上路线）。虽然从概念上讲"一带一路"倡议覆盖超过65%的世界人口，占40%的世界国民生产总值（截至2017年）和75%已知能源储备，但是该倡议的两个基本组成部分应保持与中亚和东南亚的战略连通性，并通过这两个区域的干线进一步与世界其他地区建立联系。如果中国能够在这两个相邻的重点地区建立可持续的和平与稳定，中国就可以集中精力继续进行国内经济和社会改革，以保护中国不受全球范围内可能出现的任何动荡的影响。记住参议员伯纳德·桑德斯在2016年总统大选中提出过这样明智的建议："判断一个国家是否伟大，不是看它有多少亿万富翁和核武器，而是看它如何对待我们中最脆弱和最容易受到伤害的人。"

在习近平主席在哈萨克斯坦发起"经济带"倡议之前，他已经在阿拉木图、莫斯科和明斯克签署了一些贸易协议，包括将该倡议与俄罗斯的欧亚联盟项目进行协调的一份协议。在此之前，中国与第二章描述过的上海合作协议成员国加强了安全关系。2009年，中国与乌兹别克斯坦签署了长期贸易协定以促进经贸领域的长期合作，尤其是在私营企业层面的合作。2013年，中国与土库曼斯坦签署联合声明，要在电信、化学、纺织、农业、高科技和卫生等广泛领域建立战略伙伴关系。与另一个中亚国家——塔吉克斯坦也签署了类似的战略伙伴关系协定，以推动相互联系的战略领域发展。保持与中亚国家之间的贸易顺畅、支持该地区各国的国内经济改革可以让中国获得当地丰富的资源，建立更紧密的经济和安全关系，促进西部边疆地区的和平与稳定。无论"经济带"倡议采取何种性质的政策设计，地缘政治或地缘经济学和西部边疆地区的稳定能让中国政府实施一项发展战略，使西部地区能够吸引生产性投资,有助于减少和东部地区存在的收入差距。由于中国通常在能源领域调拨 45% 的对外投资,其中 1/3 流向东亚和西亚地区,同时中国能通过"一带一路"倡议中的"一带"部分保证其能源资源安全。合理预计,在未来 30 年中国的发展将集中在西部。

21 世纪海上丝绸之路("一路"倡议)实际上是"一带一路"倡议在海上航线。这"一路"的部分与美国和印度用来界定中国在印度洋地区利益的"珍珠链"概念互相联系。"珍珠"指中国商业和安全设施网络,以及从中国大陆延伸到苏丹港的中国海上交通线路上的关系。海上交通线路经过如马六甲海峡、哈姆兹海峡和兰博克海峡等战略要点。虽然在中国看来,"珍珠链"战略一种商业和地缘经济视角,但印度却用具有某种地缘政治性质的担忧来看待这一战略,认为这一战略对其构成威胁。中国政府坚持认为,中国蓬勃发展的海军战略只是为了保护区域贸易利益,在本质上完全是和平的。这一点得到了《经济学人》杂志的证实。[75]"一带一路"倡议和中印之间的安全困境可以在两国之间进行对话,以促进双方之间的相互理解。过去几年,两国领导人在中国历史名城武汉举行了两次会晤,因此很明显有必要"重启"中印关系,尤其是 2017 年在不丹边境附近出现军事对峙后。随着这两个亚洲大国在军事和经济实力上的增长,他们对自身利益的意识通常也应该增强。据报道,两国在 2018 年的峰会上已指示各自的军队避免进一步的边境冲突。这种对话可以通过区域全面经济伙伴关系协定的统一与金砖国家的合作以扩大更广泛的合作努力,也可以成为"一带一路"倡议基础设施投资项目的容。截至目前,中国电力公司一直在印度投资包括从可再生能源到煤炭和燃气站等的领域。众所周知,中国公司正在与印度铁路公司进行长达 2184 千米的德里—金奈铁路可行性研究。对印度的第十三个五年计划(2017—2022 年),中国电力公司已获得印度所需电气设备的 1/3 订单。从印度与中国经济的互补性来看,可以进一步培育通过"一带一路"倡议进行的贸易和投资合作,以缓解政治上的紧张局势。

为理解"一带一路"倡议海上"一路"的重要性,我们可能会分析在泰国南部建造克拉运河或克拉地峡运河以将泰国湾和安达曼海连接起来的提议。据设想,这样的运河将大大方便该地区的运输,其作用类似巴拿马运河和苏伊士运河。中国做了研究并将克拉运河纳为其 21 世纪海上丝绸之路的重要组成部分。据计算,这条运河将提供新的道路穿越马六甲海峡,能将向日本和中国输送石油的运输距离缩短 1200 公里。建造克拉地峡运河的计划早在 1677 年就已提出,因为当时那莱王要求法国工程师德拉马尔调查建设水路以连接宋卡省与 Marid(现缅甸)的可能性。19 世纪初英国东印度公司开始对运河产生兴趣,但最终 1897 年泰国和大英帝国同意不建造运河,以使新加坡港口保持其主导地位。目前反对建设运河的一大主要意见在于运河横穿全国可能会带来的安全风险。再加上对环境产生的影响巨大、建设成本高昂、航运过境需求不明确等原因，建设运河不在泰国优先考虑的事项之列。陆续有人呼吁对运河进行更多的可行性研究，但官方没有对该项目进行实际的审议。作为"珍珠链"战略的组成部分，"一带"获得的教训是，尽管有"一带一路"倡议，但"一路"与过去华盛顿共识时期的发展援助不同。虽然发展战略和项目的所有权总是应该掌握在东道国/受援国手中，但在实践中，它主要是由贷款机构授权的。为使"一带一路"倡议取得成功，必须十分重视项目的"所有权"地位，这些项目应完全由参与倡议的国家拥有。一些中国学者一直在谈论运河工程，但中国官方从未对泰国政府施加任何压力。目前，泰国似乎更感兴趣的是"一带一路"倡议的"一带"部分，该部分通过公路和铁路从中国南方省份经过缅甸和老挝人民民主共和国，与东海岸开发项目第二阶段连接。东海岸开放项目始于20世纪80年代，现在被称为"东部经济走廊"。

中国可以利用中巴经济走廊作为重要项目进入印度洋并绕过被认为更容易受地缘政治风险影响的马六甲海峡。2015年，中国与巴基斯坦签署了包含价值450亿美元项目的战略框架合作协议。"中巴走廊"包括建设公路、铁路、管道、光缆以及从新疆喀什到巴基斯坦西南港口瓜达尔的航路运输和电力基础设施。

另一个具有启发的案例是对斯里兰卡汉班托塔港口项目海上

"一带"在地缘政治上遭到频繁批评。批评主要集中在"一带一路"倡议参与这个庞大的港口项目，而该项目对斯里兰卡几乎毫无用处，但对中国却具有地缘政治价值。项目除了让斯里兰卡背负严重的外债外，还会迫使它屈服与中国签署债务减免协议。用德高望重的前斯里兰卡大使伯纳德·古纳蒂拉克[76]的话说："斯里兰卡自由党和统一国民党[77]都有充分的理由支持丝绸之路倡议给基础设施发展带来的机会。"拉贾帕克萨总统承认在冲突时期中国是其坚定不移的朋友。冲突结束后，拉贾帕克萨总统无法获得急需的重建工作资金。使情况更糟的是，斯里兰卡不得不面对一个敌对的西方国家集团，它们指责斯里兰卡侵犯人权，并在结束敌对行动的几周后将斯里兰卡拖入人权理事会。因此，在冲突期结束后，依赖中国来满足自己的发展需求是斯里兰卡唯一的选择。根据古纳蒂拉克大使的说法，中国投资在2013年启动"一带一路"倡议很久前就开始流入斯里兰卡，例如汉班托塔港口于2010年8月完成，耗资4.7亿美元，还有一座煤电厂和一条通往Gall的南部高速公路的基础设施投资。虽然斯里兰卡的"一带一路"倡议项目没有明确的清单，但这些基础设施项目的其余阶段可以划入海上丝绸之路。这些政府基础设施项目存在根本性的不足，无论是否从属"一带一路"倡议，都缺乏国际招标程序，因此容易被指控腐败行为，还缺乏对有关项目合适的可行性研究。汉班托塔港只能看到34艘船只入港，虽然该地区有超过几千艘船只通过。附近的马塔拉国际机场也被认为是世界上最冷清的国际机场。由于在"一带一路"倡议项目背景下涉及如此复杂的政治,将责任归咎于倡议过于简单化,尽管应该完全承认谨慎和国际公认的标准应该对参与"一带一路"倡议具有实际价值和好处。

在对其中一些项目的性质作了直截了当的评论之后,人们可能会想知道,该倡议对中国的真正价值应该是什么。外界会认为中国的意图完全在于地缘政治意义(这是中国一贯否认的)和"珍珠链"战略,而中国则认为自己目的在于能更多地被其他强国所认可。一些评论家把该倡议描绘成马歇尔计划的重现——中国公正地否定了这一说法。马歇尔计划的目标是重建饱受战争蹂躏的西欧地区,主要是为了遏制苏联,防止共产主义蔓延。它在西欧迅速恢复中的作用是支持已开始的普遍复苏。中国人认为"一带一路"倡议不是联盟,且该倡议没有任何政治条件。正如中国唐朝的"世界中心"在中国深入人心,对1839—1842年的鸦片战争与西方殖民侵略的恐惧在中国人心中也是根深蒂固。因此,虽然"一带一路"倡议起源于中国,但中国认为自己只是整个路线的一部分,这是合理的。

"一带一路"倡议旨在根据互相同意、集体协商和利益分享的原则,为发展合作开辟一条新的道路。有些原则如果始终如一地坚持下去,就可以形成平台,在此基础上构建以发展为主导的包容性的全球化。中国经济发展的内在驱动需求在增加上述原则的势头方面也发挥了作用。正如我们在第一章所述，中国的新战略包括：政府的恰当角色；习近平主席一再强调的开放式创新体系；采用绿色发展；对所有人的社会保护；财政改革；与全球系统的整合。在所有这些战略挑战中，中国领导层聚焦行政和体制结构的四个主要领域，推进了务实的改革议程：

第一，政府通过引入私人资本和定价改革，并通过进一步向外界开放，开始拆除国有部门的垄断和控制。中国政府的目标是允许私人资本投资传统上由政府支持的垄断行业，如金融、能源、电力、铁路、电信、资源开发和公用事业。通过"一带一路"倡议的设计，可以有序地促进中国对外开放，同时为私有化部门提供更多竞争机会。位于中亚的新丝绸之路可能会成为这样一个地区，例如：所有参与经济体的能源部门都可以合作使用丝绸之路沿路的电网系统。

第二，过去国家管制导致行业因缺乏竞争而效率效能低下。这导致如钢铁工业等某些领域产能分配扭曲和过度投资。如果有更有效的资源配置，更多的资本分配应该用于教育、医疗、住宅等社会部门，以提高劳动生产率。随着"一带一路"倡议的引入，可以更快地降低如商业和金融服务等其他领域进入门槛，以鼓励丝绸之路沿路的连通性像提议那样不断扩大。

第三，需要行政管理部门将更多的监督职能下放给较低级别的政府。这会给私营企业带来更多激励，使其更加注重创新，同时保持运营的透明度；这促使政府推进利率自由化并为资本账户自由化做准备。沿着这样的思路，可以设计中央和地方政府之间的财政权力。人民币与"一带一路"倡议一揽子计划的天然联系将会引入和提高人民币在沿途贸易和投资中的利用率。随着人民币迅速成为国际金融交易货币，且已加入国际货币基金组织特别提款权货币篮子，丝路上的经济活动蔓延应该会加速权力下放战略。

第四，在进行上述改革的同时，还必须实施立法和国际改革，以加强中国的现代法治。为了促进中国更多的研发，使发展符合国际标准，就必须加强知识产权保护。在环境、设备和服务领域，中国和丝绸之路沿线的新兴市场经济体处于指数增长期。"一带一路"倡议应提供更多的投资激励措施，以加强与技术背景相关的部门的区域供应链。

为使中国急需的体制改革顺利进行，中国需要一个坚持开放和基于原则的框架的全球经济环境。正如我们在前面的章节中所见，全球形势显然不利于这样的框架。因此，中国可能不得不决定建立另一种形式的多边合作，与其他有联系的国家一起支持这种合作。深入挖掘现有的薄弱和落后的全球治理体系可能需要太多的时间和精力，并且可能会遇到来自国际机构内部可能产生的任何变革力量的抵制。因此，中国一直在与亚洲、非洲和其他各国开展多种形式的合作建立平台、建立集体意识，以维持开放的、非歧视的经济体系。如我们所见，联合国也支持这种体制。但是，由于这些努力主要由来自南方成员承担，这种势头并不总是强劲到足以成为全球经济变革的推动者。这需要全面和广泛的努力，涵盖全球更多区域，并得到足够的财政力量支持，以启动一个可信的全球治理进程。用中国社科院专家的话说，我们也许能够完全理解"一带一路"倡议的全部优先事项，以了解其全部潜力。

（1）协调合作伙伴之间的经济发展战略和政策，并制定支持实施这些战略和政策的计划和措施；

（2）通过建设基础设施网络，整合技术标准建设计划和体系，形成连通性；

（3）过改善贸易和投资便利化，消除贸易和投资障碍，创造健康的商业环境，促进贸易和投资；

（4）通过建立亚洲基础设施投资银行和丝绸之路基金等新的金融机构，努力实现货币稳定，加强金融合作建立投融资体系，发展债券市场，建立信用信息系统，建立货币互换和结算系统；

（5）通过文化学术交流、个人交流与合作、媒体合作、青年与女性交流和志愿者服务，促进人与人之间的交流。

第四章
"一带一路"倡议：21世纪的丝绸之路

"一带一路"倡议战略走廊

为实现中国在国际舞台上发挥重要作用的目标，应考虑并与倡议的其他成员国协商该倡议的目标。长期以来，鉴于自己的经济和军事实力以及在全球会议中的重要性，中国一直试图在国际舞台上保持低调，所以中国地位的逐步提升可能需要时间才能让全球民众接受。因此，正如过去几年里习近平主席多次在国际会议上所展示的那样，中国最好按部就班地前进，向国际社会的其他成员保证，中国真诚地愿意发挥建设性作用。"一带一路"倡议代表中国迄今为止最强大的"崛起"，以扩大中国在海外的范围和影响力，这和中国国内的潜力有着密切的联系。要推进"一带一路"倡议进程，中国必须始终如一地实施国内改革，其中包括与几乎每个省份都有利害关系的国内投资。每年都可以看到，由于预期贸易、相互之间以及"一带一路"倡议成员国之间的互动会增加，几个省份一直在建设物流中心和文化博览，以做好准备。现在有近60个国家参与构成"一带一路"倡议的两条路线，即通过中亚向西延伸到欧洲的"丝绸之路经济带"，和向南及经由东南亚、南亚和非洲向西通向欧洲的"21世纪海上丝绸之路"。

由于基础设施是亚洲未来发展的一个众所周知的关键因素，基础设施投资需求的增长不能仅靠官方财政资源来满足。亚洲开发银行估计到 2030 年，亚洲及太平洋发展中国家的基础设施需求将达到每年 1.5 万亿美元。因此，为了支持 2013 年启动的"一带一路"倡议，2015 年成立了亚洲基础设施投资银行，认捐资本 100 万亿美元和创始成员 57 个国家。尽管遭到美国和日本的反对，但大多数主要欧洲和亚洲国家已加入亚投行，成员国总数目前已达 87 个。最初人们担忧亚投行是一个松散而薄弱的机构，缺乏稳定的公司治理，事实证明这种担忧是错的。亚投行一直致力于与世界银行、亚洲开发银行等多家国际机构共同融资，并迅速扩大活动范围，以至现在人们关注的焦点变成亚投行不断增长的强大影响力支持中国在亚洲的政治影响力。到 2018 年中期，亚投行向 13 个国家的 28 个项目提供了超过 50 亿美元的贷款，项目包括从巴基斯坦的高速公路到土耳其的天然气贮藏设施。虽然中国拥有足够的投票权来阻止需要四分之三批准的决定，但到目前为止尚未使用过这一权力。

虽然亚投行本应投资一般基础设施项目，不一定要附属于"一带一路"，但一直在为"一带一路"倡议的基础设施支柱项目提供必要的支持。丝绸之路基金也于 2015 年成立，旨在通过提供长期私募股权促进"一带一路"倡议沿线国家和地区的业务以直接支持"一带一路"倡议的任务，可以和世界银行的投资部门——

国际金融公司相提并论。亚投行得到了中国投资公司（中国主权财富基金）、中国国家开发银行、中国进出口银行和国家外汇管理局等一系列强大金融机构的全力支持。基金应更注重通过基础设施、资源、工业和金融合作项目的项目融资来改善一带沿线的连通性，可能最初会强调中亚和东南亚地区。

从"一带一路"倡议基础——基础设施项目开始，交通、能源和电信三大部门将成为合资、合作和投资的关键领域。尽管"一带一路"倡议的主要干道是已公布的"经济带"和"海上丝路"，但应该为计划提供"一带一路"沿线上不断扩大的各环节更多详情。

"一带一路"倡议显示了五条不同的路线（见图1），其中三条是"一带"线路，两条是"一路"线路。"一带"的三条路线包括：一条连接中国与西亚、俄罗斯、前往波罗的海地区的线路；一条连接中国与中亚（关键中心地带）穿越西亚到达波斯湾和地中海的线路；一条连接中国与东南亚通往南亚和印度洋的线路，这是由西方外交官提出的所谓"珍珠链"概念的陆路部分。

"一路"的两条路线包括：一条连接中国东部沿海地区和南亚、印度洋，通往欧洲希腊、意大利、鹿特丹和伦敦的海上线路（习近平2002年担任福建省长时的愿景）；一条从中国沿海地区通往东南亚、南亚和南太平洋开始的海上线路。

从这张地图上看到的网络来看，中信证券研究所的彭文生[78]

"一带一路"倡议：
通往发展主导的全球化之路

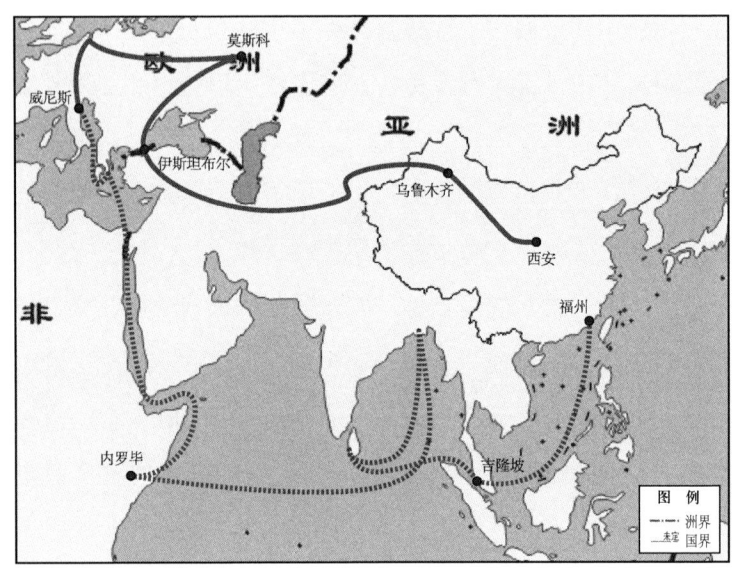

图1　　　　审图号：GS(2016)1560号　　自然资源部　监制

从五个不同的角度解释了"一带一路"倡议合作的"共同命运"目标。

（一）通过以下方式进行政策交流：

　　利益一致；

　　改善沟通和相互理解；

　　加强跨境执法合作。

（二）通过以下方式进行基础设施互联：

　　运输；

　　能源；

电信（信息丝绸之路）。

（三）通过以下方式实现贸易便利化：

信息共享；

2020年简化通关手续；

长期自由贸易协定。

（四）通过以下方式进行金融合作：

如亚投行和丝绸之路基金这样的支持性机构；

促进能源、农业、采矿和新兴产业的投资；

"一带一路"倡议作为人民币国际化的重要平台。

（五）通过以下方式加强人与人的交流：

旅游；

学术交流；

文化交流。

"一带一路"倡议描绘了"一带一路"倡议更基本的一个原则，即借用丝绸之路最初的多用途概念重新连接亚洲和欧洲，并通过投资基础设施来加强贸易和文化关系从而改善与欧亚经济体的关系。里昂证券坚持认为，由于经济增长是中国国家安全的核心，中国的首要任务是通过出口钢铁、水泥和铝等产能过剩的行业来刺激国内经济。

根据地图，"一带"的概念是建设成铁路、公路和天然气管道等基础设施，以确保中国在这些地区的国家长期保有声望。"一带一路"倡议基础设施连通性的核心将把中国充满活力的长江三角洲、珠江三角洲和渤海经济区与欧洲经济联系起来。成功建立物质和文化连通性的关键是升级欠发达的陆路运输系统所需的投资，特别是经过中亚和中东的陆路部分。这是基础设施建设的特别困难的地区，到处都是沙漠和山地，天气寒冷，政治动荡。对这一地区而言，尤其重要的是"一带一路"倡议必须与亚洲开发银行 2001 年建立的中亚区域经济合作计划（CAREC）合作，以促进包括阿富汗、阿塞拜疆、中国、土库曼斯坦、塔吉克斯坦、乌兹别克斯坦和哈萨克斯坦在内的 11 个成员国之间在运输、能源和贸易方面的区域合作。中亚区域经济合作计划提供了对"一带"很有用的纲要——分享道路资产管理的最佳实践，目的是通过最大化降低道路维护和使用成本来获得最佳的经济效益。最近内陆国家塔吉克斯坦与其中亚邻国建立了联系，这要归功于亚行支持杜尚别—图尔松扎德道路的升级，该道路是中亚区域经济合作计划 3 号走廊的重要组成部分，从北部的俄罗斯联邦到南部的波斯湾延绵近 7000 公里。

中亚最贫穷的经济体塔吉克斯坦为"一带一路"倡议提供了一个有趣的案例。该国拥有相对较好的基础设施和丰富的水力发电，拥有 1300 条河流和 1000 多个湖泊，但水力发电却不到

10%。塔吉克斯坦拥有世界上最大的铀储量，占世界总储量的14%，铅和锌储量在中亚排名第一。

中亚区域经济合作计划的另一个成员土库曼斯坦所处的地理位置使其成为连接世界东西和南北的交通枢纽。中国出口到欧洲最快的路径是通过土库曼斯坦。中国目前是土库曼斯坦最大的贸易伙伴，和土库曼斯坦之间的天然气管道是世界上最长的。

中国在中亚地区最大的贸易伙伴哈萨克斯坦积极响应"一带一路"倡议。两国建立了密切的经济联系，并在能源和国际物流进行了合作。哈萨克斯坦也是一个资源丰富的国家，具有宏观经济和政治稳定性，但基础设施薄弱。该国采取了"哈萨克斯坦2050年"战略，主要目标是到2050年实现哈萨克斯坦经济发展跻身全球前30位。哈萨克斯坦一直计划与中国共建西欧—中国西部的运输路线。随着从阿斯塔纳到阿拉穆图的高速铁路以及从阿克套到巴库的运输路线的建设，两国之间的陆路连接将更加紧密。另一条铁路将哈萨克斯坦与土库曼斯坦和伊朗一直连接到波斯湾和伊朗南部的阿巴斯港口，这将成为哈萨克斯坦通往海上的出路。在与中国的接壤的边境将在名为霍尔果斯东门的地方建造一个无水港，连接霍尔果斯的两个经济特区与中国的霍尔果斯。随着中国高速铁路实力的增强，高铁应这种交通工具成为"一带一路"倡议的重要组成部分。中国已在2014年在土耳其建成一条高速铁路。对中亚而言，高速铁路可能会像哈萨克斯坦计划的那样发挥重要作用。

根据国际铁路组织的数据,中国全国拥有约 126000 公里铁路,占全球铁路总长度的 10%,占全球铁路运输量的 25% 以上。在中国铁路的总连接线路中,有 25000 公里是高速铁路,这使中国成为世界上最大的铁路运营商。中国的铁路技术在过去几十年中取得了长足的进步,在全球 40 个国家的 50 个铁路项目中发挥着主导作用。东盟作为"一带一路"倡议的组成部分,已成为常规和快速铁路的主要目标之一。

事实上,自 1995 年以来,东盟一直在规划昆明与新加坡之间的一条铁路,但由于所涉费用高昂,加之铁路路线复杂,因此一直没有实施。正如我们所知,1997 年亚洲金融危机爆发,挫败了东盟的大部分计划,因为大多数成员国不得不应对危机对本国带来的破坏性影响。中国对跨亚洲铁路的兴趣源自中国铁路技术的飞速发展已达到世界一流水平,以及在大湄公河次区域各种走廊建设的出现,走廊也包括中国的昆明和广西。中国的计划现已合并为"一带一路"倡议的内容,旨在通过三条主要路线将云南的昆明和新加坡连接起来:一条通过老挝磨憨、琅勃拉邦、万象和泰国廊开的中心线路、一条通过越南河内到的胡志明市的东部线路和一条通过大理、缅甸曼德勒、仰光和达瓦的西部线路。所有这些路线都应该能连接到曼谷、吉隆坡和新加坡(见图 2)。

中国已经开始了东部线路的施工,已建成了通往中国和越南

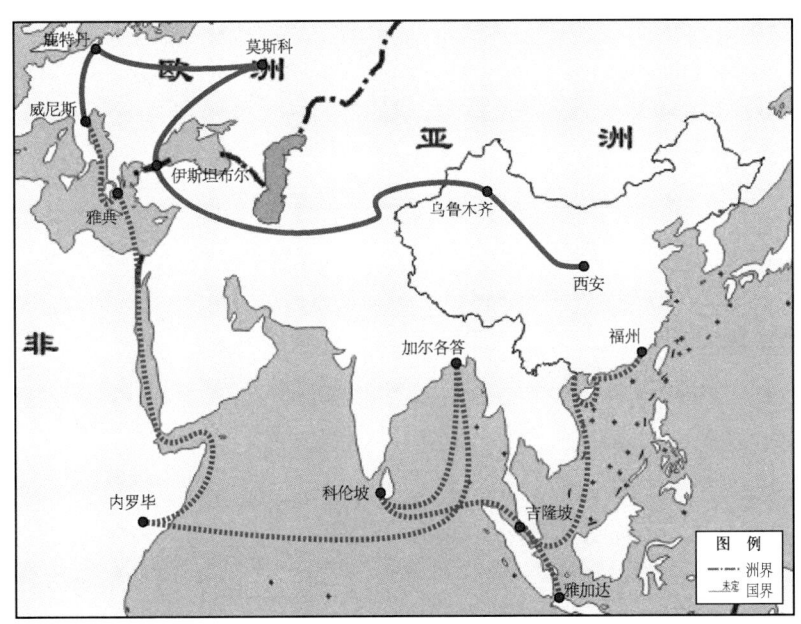

图 2　　　　　　审图号：GS(2016)1560 号　　自然资源部　监制

边境的标准轨距铁路。中心线路从昆明到老挝边境城镇磨憨的铁路线也开始施工，预计将于 2020 年完工（其中老挝境内 440 公里标准轨距铁路于 2016 年开始施工，预计于 2021 年完工）。至于西部线路，从昆明到瑞丽的路段几年前就已开始建设，将于 2025 年投入运营。

在 2012 年 11 月温家宝总理和 2013 年 10 月李克强总理访问泰国期间，作为大湄公河次区域南北经济走廊组成部分的中泰高速铁路受到特别关注。第一条线路全长约 600 公里，将连接中国西南部的昆明和泰国北部的清迈；第二条线路长约 450 公里，通过老挝将昆明与廊开连接起来，还可能通过国内铁路连接廊开、呵叻和东部海港马达普。连接曼谷和呵叻的中泰高速铁路一期项目已经在 2018 年成形。预计为适应对高科技产业的新投资，泰国经济特区东部经济走廊（EEC）将通过高速列车与廊曼机场、苏凡纳布机场和东部的乌塔保机场三个机场连接。来自中国的建筑和工程公司对泰国这一重要的基础设施项目也表现出了真正兴趣。

由于陆路运输是"一带一路"倡议在中亚的主要通道，因此海上丝绸之路应将东南亚的港口与南亚、中东和欧洲连接起来。海上通道对中国的贸易以及石油供应具有至关重要的战略意义。中国大部分石油进口都靠海运，这使保障海上安全成为中国的战略重点。2013 年，中国成为世界上最大的石油进口国，中国的石油总消耗一半都得依靠进口，其中大部分来自中东和非洲。中国进口的石油约 80% 必须通过长达 600 英里的马六甲海峡水道。这就是为何"一带一路"倡议认为泰国南部的克拉地峡是帮助中国扫除"马六甲困境"障碍的另一个战略捷径的关键原因。但除此之外，可以再次肯定东南亚海港的稳定性和可靠性也是"一带一路"倡议战略投资机会的部分原因。虽然马来西亚政府没有参与港口的直接投资，但马来西亚的第 11 个五年计划重申了政府发展基础设施的承诺，这将间接影响到该地区的港口运营。承诺发展的基础设施应该包括槟城交通总体规划和新加坡—吉隆坡高速铁路。最初，中国和马来西亚签署了几份谅解备忘录，计划将各种基础设施项目纳入"一带一路"倡议。例如，计划将马来西亚的六个港口与中国的 11 个港口连接起来。

与此同时，中国在马来西亚的投资增长非常迅速，已占马来西亚外国直接投资总额的一半。中国在各种项目中的投资十分瞩目——关丹港扩建、工业园、皇京港（包括一个深海港口和在马六甲海峡一个人工岛上的游客码头）、备受中国购房者青睐的森林城市房地产开发、包括住宅和商业高层大厦的大马城、公共机构和生态退休村。取消颇多媒体关注的原计划由中国资助的东海岸连接铁路项目的原因显而易见——新的马来西亚政府有意遏制高达超过国内生产总值 50% 的公共债务。这条铁路线原计划会成为西海岸巴生港与东海岸关丹港之间的重要连接，长达 600 多公里，其中包含 50 公里隧道。因为货物可以通过陆路运输，该线路绕过新加坡可以大大缩短运输时间。不过，尽管马来西亚改变了这样的计划，马中关系依然紧密。虽然过去几年中国不得不提防资金过度外流而采取措施收紧资本管制，但中国在马来西亚投资的上升趋势几乎不受影响。

至于新加坡，这是该"一带一路"倡议东南链的另一个关键环节。凭借技术专长和资本充足的公共部门，新加坡可能不需要"一带一路"倡议的任何援助，也能以良好的姿态与倡议合作，支持整个东盟的基础设施发展。虽然新加坡港口管理局已经开始扩建港口码头，到 2020 年其年度集装箱处理能力将极大提升 20% 以上，不过建设海上丝绸之路仍会使新加坡受益。中国和新加坡的第三个政府间合作项目落地中国西部城市重庆。该项目于2015年11月在习近平主席对新加坡进行国事访问期间得到了确认。合作项目的目的在于通过聚焦金融服务、航空、运输和物流以及信息和通信技术行业，将属于"一带一路"倡议的重庆变为西部地区的物流中心。该合作计划还包括开发物流平台和交通基础设施，以缓解三峡大坝的瓶颈，发展通过钦州将重庆与东盟连接起来的"南方贸易走廊"。最重要的是新加坡的金融服务业将成为"一带一路"倡议的主要受益者，因为涉及地区基础设施项目的"一带一路"倡议相关活动将不得不利用成熟的市场进行借贷、债券上市和股权融资。中国各银行将加入人民币融资领域，并成为这些领域重要的合作伙伴。

"一带一路"倡议应该能够支持印度尼西亚急需进行的基础设施改革，以通过制造业作为增长引擎来取代商品出口；还应承诺将最大的投资分配用于电力、海港、水资源和道路等领域。印度尼西亚受到国际收支逆差和汇率不稳定带来的外部困扰，饱受压力。印度尼西亚银行的首要任务是遏制经常账户赤字。如果实施这样的政策，具有高进口含量的基础设施项目将被推迟，包括一些计划中的电力项目。不过据印度尼西亚投资协调委员会说，提供给中国承包商的基础设施项目可能暂时会保留。

缅甸是东盟另一个在"一带"中扮演重要角色的国家。位于缅甸南部经济特区的大型土瓦深水港项目是缅甸、日本和泰国联合投资的项目，潜力巨大，可以和越南的海港相连作为东西部经济走廊的两个终点。东西部经济走廊是大湄公河次区域计划的组成部分。日本可能更愿意在土瓦港发展初期发挥积极作用，但从2018年开始，日本和中国决定联手在第三国进行投资，首先是从泰国的东部经济走廊开始，土瓦可能成为中日联合投资事业的下一区域。否则，缅甸北部与中国边境上规划的铁路将有助中国进入印度洋，并使土瓦经济特区吸引更多的石化综合体和电力相关产业的大规模投资。截至目前，25亿美元的中缅管道已经开通，应该能成为替代马六甲海峡的另一个通道，这对中国的能源安全至关重要。

缅甸会一直是"一带一路"倡议战略的一个关键环节，主要有以下四个原因：一是中国需要一个绕过孟加拉国—印度—中国—缅甸经济走廊通往印度洋的西海岸出口；二是通过缅甸的海港将陆路线路加入战略性港口，增强陆路的有效性；三是湄公河次区域走廊与印度洋相连获得战略价值；四是如本章开头所提到的，最初在1677年提出的通过泰国最狭窄的地区建造克拉运河的建议一直没有得到重视。

随着缅甸采取措施建设西北部和东南部的两个主要港口，寻求更有效进入南亚、中东、远至欧洲市场的愿景变得更加可行。两个港口一个位于德林达依省最南端的土瓦，另一个位于若开邦北部的皎漂镇。两个港口都计划建设大型经济特区，并成为仰光和毛淡棉（位于孟邦）现有港口的补充。截至目前，三个经济特区正在以不同的轨迹发展。土瓦经济特区由缅甸、泰国和日本的合资企业支持；仰光郊区的迪拉瓦经济特区是缅甸和日本的优先发展的项目；皎漂经济特区由缅甸和中国开发。其中迪拉瓦特区获得的发展最快，许多日本和东盟公司已在该区域建立了业务。虽然皎漂项目已获批准，但土瓦港口项目可能需要日本和中国共同推动。中国可能对毛淡棉区的兴趣更浓厚，因为中国建议建设一条从云南昆明绕过曼德勒抵达毛淡棉、与从昆明到曼德勒和仰光的公路网络并行的公路。

从泰国方面来看，连接北碧府的泰国边境和土瓦经济特区的西部走廊公路可以获得缅甸和泰国的金融支持。随着大湄公河次区域东西走廊最后一条公路的竣工，整条走廊将连接起来，以缓解海上线路通过马六甲海峡的压力。虽然这条走廊早于"一带一路"倡议战略，但开放大湄公河次区域对印度洋带来的影响将给大湄公河次区域的成员区域带来极大的利益，包括中国西南的云南和广西。这是"一带一路"倡议通过现有的区域经济伙伴关系项目可以创造的一种协同作用，能够相互加强所有合作企业的潜在利益。这种将不同次区域项目结合起来的陆路海港网络模式可以作为一种战略使用，同时可以提高这些项目和"一带一路"倡议的可行性。

另一个可以和"一带一路"倡议共同开发的区域经济合作倡议可能是著名的澜沧江—湄公河合作机制（LMC）。该合作机制包括柬埔寨、中国、老挝、缅甸、泰国和越南，这六个国家均为大湄公河此区域成员，其中这些国家的部分区域已获得合作机制的成员资格。联合开发平台旨在通过加强工业园区和智能物流等合作项目，改善商业环境，加快生产要素流动，提升区域竞争力。正如大湄公河此区域，澜沧江—湄公河合作机制的道路、航空、水资源管理和网络等基础设施的改进也得到了软件和环境因素的支持。澜沧江—湄公河合作机制希望推进更多新的产业链和物流链，例如，像"一带一路"倡议计划和跨境经济区及工业园区一样，修建通过老挝连接中国和泰国的铁路。澜沧江—湄公河合作机制计划重点通过促进农业发展、提高东盟最贫穷国家的经济水平、平衡其在该地区的地位、避免无序竞争以减轻当地人民的贫困等方式创造更多增值。在一些区域的合作努力（如大湄公河此区域、澜沧江—湄公河合作机制、CIMEC 和包含所有这些领域的"一带一路"倡议）之间似乎存在一系列相似之处。因此，对于所有责任方——基本上是同一群国家——可以在"一带一路"倡议内部建立协调委员会，避免重复建设成本高昂的雷同项目，或用可以相互促进而非相互抵触的方式来协同这些国家。

尽管海上丝绸之路是中国关键的贸易和安全战略带，例如中国 80% 的石油进口需利用这一道路（可以解释为印度次大陆周围的"珍珠链"），但是必须考虑印度的担心和关切。出于经济和地缘政治原因，德里已陆续表现出与东亚加强紧密联系的兴趣，但环孟加拉湾多领域经济技术合作倡议（BIMSTEC，最初称作孟加拉国—印度—缅甸—斯里兰卡—泰国经济合作组织）从未有过真正的经济合作。环孟加拉湾多领域经济技术合作倡议地区的连通性元素包括改善泰国、缅甸、印度、孟加拉国和尼泊尔的道路，改善新加坡、曼谷、仰光、吉大港、加尔各答、钦奈和科伦坡的海上航线，扩建相关的港口和机场。根据东盟经济研究所（ERIA）基于《亚洲综合发展计划2.0》的分析，经济影响最大的是印度的科希马、英帕尔西和迪马普尔地区以及缅甸整个国家。印度目前正在与东盟、中国、日本、韩国、澳大利亚和新西兰进行谈判，以建立一个名为区域全面经济伙伴关系（RCEP）的21世纪区域自由贸易协定。但印度不是该项目的主要推动者，原因或许是出于对中国制造业出口涌入的担忧，也有可能印度还没有做好在短期内加入的准备。不过印度仍然通过参与金砖国家和中国进行深入经济合作计划，从纳伦德拉·莫迪总理两次对中国的访问来看，印度似乎准备与中国进一步发展经济关系。据说习近平主席只有两次破例在北京外的地方，在更轻松的氛围会见外国领导人，两次会见的都是莫迪总统。像美国一样，印度曾是不结盟国家的领导者，有志于能够左右事件并在联合国等全球机构中发挥更大作用，但是印度可能需要与在经济和政治地位上不断提升的中国达成协议。由于经济或安全原因，中国的"一带一路"倡议可能会使中国增强在印度洋周围的存在，这可能会加剧地缘政治的紧张局势。根据美国外交政策作者罗伯特·卡普兰[79]的说法，21世纪初的地理焦点将会从墨西哥湾转移到中国南海，包括中东、中亚和中国。

新加坡李光耀公共政策学院的詹姆斯·克拉布特里在英国《金融时报》发表的文章有力地评论道："这转而解释了为何印度和中国的关系最近发展如此缓慢。两者之间竞争正在加剧的原因不在于其领导好战。相反，而是因为随着两国的发展，对自身利益的意识也在增强。对商品的渴求和遍布全球的国民都在扩大他们所认为的核心国家利益。当他们这样做时，就有可能卷入更复杂的新的全球性问题。"[80]因此，作为对"一带一路"倡议的回应，美国和印度前一段时间就采用了日本的主意，加强由美国、日本、澳大利亚和印度组成的所谓的"印度—太平洋"战略合作。到目前为止，"印度—太平洋"战略背后的合作概念并没有在实质上和经济构成上实现具体化，看起来更像对美国亚洲政策——奥巴马"亚洲支点"战略的延续，该战略体现在跨太平洋伙伴关系协议（TPP）中，不过已经被特朗普政府弱化了。因此，为了填补对"一带一路"倡议反提案的空白，提出了"印度—太平洋"战略合作。与此同时，印度发起了"东向行动"倡议，旨在改善与环太平洋国家的经济联系。"东向行动"被吹捧为新德里试图对付中国的主导地位及其雄心勃勃的"一带一路"倡议。印度认为中国蓄意企图通过选择孟加拉国作为"一带一路"倡议关键地点来绕过印度进入印度洋。近年来,中国与孟加拉国的关系似乎日益密切,该国现在是中国在南亚的第三大贸易伙伴。孟加拉国铺设的道路覆盖率仅为陆地面积的9.5%,由于对基础设施投资需求巨大,孟加拉国将从"一带一路"倡议中获益良多。

印度的"东向行动"战略包括两项主要的经济发展计划,以促进与东南亚的连通性。一项举措是在印度东北部与孟加拉国、不丹、尼泊尔和缅甸接壤的8个州建立特别经济区。该地区资源丰富,因农业和旅游业潜力巨大而闻名。另一个是Sagarmala(印地语中Sagar意为海洋,mala意为串珠)港口开发项目,涉及开发12个主要海港和相关基础设施,以促进海洋经济。印度政府一直在与东盟企业进行联系,为其经济区吸引投资,为"一带一路"倡议下属的计划提供有吸引力的替代方案。不过,由于基础设施投资(发电、可再生能源、道路和桥梁、灌溉、电信等)需求巨大,印度的预算赤字不断扩大,可能需要建立外部伙伴关系。毫无疑问,中国不仅可以为印度的金融领域就提出解决方案,还可以提供技术和专业知识。一个很好的例子就是中国公司一直和印度铁路公司合作为德里—金奈2200公里铁力路长廊进行可行性研究。由于印度铁路系统投资不足,给高铁项目、城市交通以及发动机和客车制造业提供丰富的机会。中印度经济的结构互补性确实有

第四章
"一带一路"倡议：21世纪的丝绸之路

利于通过"一带一路"等倡议或区域全面经济伙伴关系所体现的正式的整合努力来实现更紧密的经济关系。

从地图2的地理经济层面看来，"一带一路"倡议包含一些必须连接起来的经济走廊。我们已经讨论了中国—中亚—西亚走廊和中国—印度支那半岛经济走廊两个要素，我们现在应该讨论中巴经济走廊（CPEC）的主要板块，该走廊应该能使"一带一路"倡议的基本联动模式变得完整。习近平主席于2015年4月访问巴基斯坦时签署了合计协议和谅解备忘录，共计450亿美元——现在可能高达600亿美元——这是中国迄今为支持另一国家经济发展所做的最大投资额。中巴经济走廊包括一系列基础设施项目，从公路和高速公路到铁路、管道、光缆以及从新疆喀什市到巴基斯坦西南部深海港口瓜达尔的发电厂。从中国的角度来看，这条走廊提供了另一条通往印度洋的海上线路，具有以下好处：①运输货物的时间极大缩短：从海运需要两周缩短到陆运通过瓜达尔到达东非仅需两到三天；②为相对欠发达的西部地区开辟新的贸易和投资机会；③增加中国电力建设集团有限公司和中国电力投资公司等电力公司的商机，因为预计电厂建设是整个走廊最大份额的投资，占三分之一以上。从巴基斯坦的角度来看，可能在以下领域获益：①极大改善基础设施网络投资不足的情况，如中国对喀喇昆仑高速公路进行重大升级；②中国直接投资发电厂，缓解长期电力短缺的问题；③经济城市瓜达尔成为像香港那样的自由贸易区。

尽管中巴经济走廊具有经济可行性，发展合作计划有东道国所有权，意义重大，但评论提出可能需要做出对"一带一路"倡议的响应。北京和伊斯兰堡认为，到2030年完成的43个中巴经济走廊项目中，约有一半已经完工或正在进行，其中包括十几个发电厂。然而，国际货币基金组织最近的一份报告指责巴基斯坦经常账户赤字，将外债负债增加的原因归因于走廊项目。据说，巴基斯坦外债负荷不堪，以至于得寻求另一国际货币基金组织的紧急救助。这一救助将交给国际货币基金组织的出资国——美国，进而对中国在巴基斯坦的计划产生很大影响。华盛顿一直反对美国官员所谓的北京"债务陷阱外交"。不过这一点确实得到了巴基斯坦新政府的高级官员的否认了，并指出大多数国家的外债都来自多边金融机构，只有约15%的债务可能与中巴经济走廊有关。新政府重申了巴基斯坦对"一带一路"倡议的全面承诺，中巴经济走廊是其标志性项目。政府甚至提议两国扩大走廊的基础并加快建设步伐。两国达成的主要共识包括扩大中巴经济走廊协议的合作领域，如社会和经济发展以及农业和工业部门。如果像一些批评人士认为那样，中巴经济走廊是一种失败，那么印度就没有必要努力建设与对面瓜达尔港连接的巴哈尔港。巴哈尔港应该是吸引更多与阿富汗的贸易往来，印度在阿富汗进行了大量矿业投资。但事实上，这两个港口可以共同为整个区域服务，并通过共同努力为印度洋沿岸的海上航线提供服务，从而促进增长。实际上，"一带一路"倡议可以与非"一带一路"的实体设计网络产生最佳的协同效应，而无须进行更多投资。这应是一个促进和谐与平衡的"一带一路"倡议计划，我们已经就亚洲各地现有的其他区域和次区域联盟进行了讨论。

▸▸▸ 与中国经济区的联系

毫无疑问,中国应该在一定程度上将"一带一路"倡议设计成解决国内改革、城市管理和均衡发展等问题的解决方案。我们已经从之前章节中看到,如果不进行深入的结构性经济改革,不仅中国,而且整个亚洲都将陷入传统的生产方式和发展,无法进行经济机制的动态升级。第一步以东南亚、南亚和中亚的地缘政治为重点,通过南北和东西陆路带,实现全亚洲范围陆路和海陆的互联互通。在此之后,还应进一步向欧洲、非洲和其他地区迈进。有战略经济区、城市群和省市的参与,锚点自然位于中国。"一带一路"倡议带来的实际影响是加快形成京津冀经济区、长江经济带、海南自由贸易区等国内经济区。海南在促进南海资源勘探和海上救援基地方面具有特殊的战略地位。自由贸易区应该赋予海南特殊的地位,借鉴香港模式,发展成服务中国和印度支那贸易的主要海运枢纽。似乎沿着瑞士度假胜地达沃斯的发展路线,海南正逐渐成为亚洲举办国际会议的地方。已经在海南三亚举办了近 20 年博鳌论坛是亚洲政治和商业领袖代表参加的盛会,影响着亚洲经济发展的基调。因此,博鳌论坛可以承担非官方的角色,定期跟踪"一带一路"倡议必要资金、技术和设备等的使用情况。作为公开的国际会议，论坛可以作为诚信的经纪人，联系"一带一路"倡议与亚洲其他地区和整个世界。对于中国的西南地区，广西地区该利用与东盟经济的联系，迅速向前推进北部湾经济区和珠江—西江经济区的发展。长期以来，云南一直被指定为与大湄公河次区域相连的国际运输走廊构成部分。

在海上丝绸之路沿线，福建将在与东南亚现有的贸易联系基础上发挥核心作用。福建作为众多生活在亚洲各地的华人的故乡，历史上与外界联系更为频繁，因此相比海南更为发达。习近平曾担任福建省领导，心怀进一步开放福建、使福建贸易伙伴受益的愿景，支持福建的开放。正如我们在第三章中所分析，假设亚洲贸易更加活跃，保持经济开放应该是最正确的政策。因此，在福建建立自贸区和港口、促进贸易发展应该会给该省海上丝绸之路的构成部分带来实质性的利益。长江三角洲、珠江三角洲、台湾海峡西海岸和环渤海沿海等经济枢纽将会更好地融合。

海上丝绸之路的另一个关键环节是天津市，它是欧亚大陆桥的起点、中蒙经济走廊的主要连接点，也是战略海上合作的枢纽。天津广阔的港口区有助于进一步现代化，为铁路、海路和航线的互联运输系统提供服务。天津还计划增加与海外石油和天然气勘探的联系。包括内蒙古在内的中国东北地区，将致力于改善黑龙江与俄罗斯的铁路连接，将建设一条连接北京和莫斯科的欧亚高速铁路运输走廊。这条走廊对从俄罗斯进入中国的能源供应至关重要。在分别通往中国、德国和土耳其的三个大型管道项目中,西伯利亚电力管道将从西伯利亚东部的气田穿过阿穆尔河进入中国,约定项目最早于在2019年动工。管道将有助于满足中国不断增长的天然气需求,促进中国和俄罗斯的联系。

这些港口地区在中国的海上作用将不是在单独的基础上发展,以增加国内需求,而是将与该倡议的海外港口网络协调,之前我们已经讨论过在东南亚和南亚进行第一步的情况。整个"一带一路"倡议的可行性,必须从全球视角来看待古代丝绸之路时期欧洲经济的全面参与。我们现在看到中国国有企业投资各地港口,从新加坡、巴基斯坦瓜达尔、斯里兰卡汉班托塔到吉布提、希腊比雷埃夫斯港以及比利时第二大港口泽布鲁日——最后一个港口是中国进入欧洲西北部的第一个桥头堡。

2016年,中国远洋运输公司与中国海运公司合并成为中远集团,创建了一个庞大的全国海事巨舰。中远集团是一个超级集团,旗下有同名航运公司、港口运营商和其他海运业务。2017年收购东方海外国际后,中远集团现在控制着除欧洲外最大的航运集团,是世界上最繁忙的港口运营商之一。通过获得欧洲港口总容量10%的运营额,"一带一路"倡议可以实现其宏伟战略,即通过海路、公路、铁路和管道将中国与欧洲连接起来。港口交易支撑着"一带一路"倡议一半从中国南海经过印度洋、穿过苏伊士运河、

第四章
"一带一路"倡议：21世纪的丝绸之路

进入欧洲腹地的海上业务。欧洲人声称，像中远集团这样的中国国有企业在竞争对手中拥有不公平的优势，因为它们可以从中国国有金融机构获得低息借款，并通过亚投行和丝绸之路基金获得"一带一路"倡议融资。这可能是当前全球化前沿的情况，与上一轮西方跨国公司在欠发达国家接管各一个又一个业务时完全不同，当时无人声称有不平衡竞争。可能还需要提醒欧洲批评者的是，中国国有企业相关部门正在进行的改革不会为无法借贷项目留出轻易批贷的余地。谈到廉价利率，在美国引起的2008年大衰退后的上个十年里，西方企业的可免利率实际上接近零，当然不会高于中国。但是，中国可能需要留意欧洲政治的声音和担忧，特别是像法国总统马克龙这样的人警告欧洲不要对外界的经济大国过于敞开大门。

虽然中国建立的海上连接点在从亚洲北部到东南部和南部等各地区的联系中发挥战略作用，但是"一带"部分包括陆地联系，特别是开放中国西部地区与其他地区的联系。在这方面，新疆是"一带一路"倡议的另一核心区域，不仅因为新疆是中国西部与中亚最直接接壤的地区，还因为安全原因以及新疆拥有最多有待勘探的能源储备——煤炭、天然气和石油。从中国领导人频繁访问该地可见这一西北地区的重要性，中国领导人希望引导更多财富从东部沿海地区重新分配到内陆地区。前总理温家宝卸任之前巡视中国的最后一站就是前往新疆，与中亚领导人一起参加在那里举行的国际会议，随后给边境地区喀什带去更多慰问。这一举动极为关键。作为"一带一路"倡议的一部分，新疆的主要项目和发展议程将包括铁路发展、电信设施和石油天然气等所有地缘战略领域。全自治区范围内已迅速出现了电力基础设施项目，例如西气东输天然气管道，将土库曼斯坦天然气输入新疆，极大增加了从哈萨克斯坦进口的石油数量和拟从俄罗斯进口的天然气数量。因此，新疆将成为连接中亚、南亚和西亚国家的关键运输、贸易和物流枢纽。

"一带"从中国西部新疆延伸到更内陆的中心地带——四川省和枢纽城市重庆。川渝两地是长江西部地区开发的核心区域，随着垂直一体化运输方式的加速和现代化交通运输和物流系统的逐步建立，四川将成为重庆、贵州、云南、陕西和西藏等经济腹地的主要交通枢纽。重庆仍是经济带的重要战略支点和长江经济带西部的中心枢纽，为海上丝绸之路提供工业腹地。作为"一带一路"倡议的一部分，开发计划应包括加快在长江上游建设综合交通枢纽。随着重庆—新疆—欧洲线路的服务和集装箱货运量的增加，应加快机场经济区的建设。这条延伸到欧洲的通往中国西部的铁路已经计划好并进行了改造，但现在将从"一带一路"倡议获得实质性的推动。2013年，波兰罗兹市与四川省成都市之间的货运铁路连接作为"16+1"倡议的旗舰项目启动，旨在加强中国与中东欧国家（CEE）之间的合作。这条连接中国、哈萨克斯坦、俄罗斯、白俄罗斯和波兰五个国家长达 9826 公里的铁路,乘火车只需 12 天。相比,乘船需要 45 天,而乘飞机的费用是乘火车费用的 5 倍。2015 年,铁路延伸至福建省厦门市,使双边贸易额增长 30% 以上。我们再次看到"一带一路"倡议全面连接从西向东跨越全中国,而福建再次发挥其重要使命。从习近平主席 2016 年签署的近四十条与新丝绸之路相关的协议,可见其"一带一路"倡议的宏伟目标。随后 2017 年中国政府的投资部门——中国投资公司购买了中东欧最大的物流平台 Logicon,使其总仓库资产组合价值近 140 亿美元。

因此,当欧洲在为英国脱欧错综复杂的谈判、移民问题的内部分歧、与美国和俄罗斯的紧张关系而感到心烦意乱时,中国一直在寻求机会扩大与欧洲的合作。正如我们在铁路连接上所见,中国一直在中东欧建立平行的金融商业网,以挑战现有的国际格局。现有的国际格局充满不和谐的经济政策,不利于有序地走出经济衰退。除了已讨论过的战略性港门项目外,中国在欧洲的投资中,除了铁路系统某些部分的投资外,被认为"一带一路"倡议内容的投资还比较少。在过去的 70 年里,中国设计并建造了贝尔格莱德在多瑙河上的第一座新桥,并帮助塞尔维亚电气和电话系统现代化,这表明中国与中欧的战略关系更加紧密。中国建造的黑山山区公路似乎是该国历史上最有挑战的一大工程。该工程将把中欧与意大利对面的亚得里亚海的一个港口连接起来。这可能更多地体现的是中国的建造实力，而不是与"一带一路"倡议概念规划的海上丝路的战略联系。已提议中国在波兰、立陶宛和白俄罗斯运营仓库，这可能会更多地走向贸易基础设施的这一方向，从而促进中国产品出口。总而言之，中国在欧洲的投资和贷款总额在2017年仅占全球总投资额1850亿美元的7%，尽管如此，发达国家仍然不断批评中国违反附加条件。美国副总统迈克·彭斯在2018年10月华盛顿特区的一次演讲中谈到中国的基础设施贷款："这些贷款的条款不透明，而且利益绝大多数总是流向中国。"

▶ 反对倡议的声音

像"一带一路"倡议这样包括从商业到文化诸多内容的宏伟计划,可以预料会有来自利益方的各种批评意见,有些意见出于善意,而有些人则担忧中国的主导作用。在倡议的早期阶段,总体评论集中在怀疑该倡议的目的和痴人说梦的野心。有人认为这一倡议含糊不清,充满空洞的批评认识认为中国永远不会兑现承诺,甚至不相信会有许多国家参与。但是,当中国政府明确表示正在通过亚投行、丝绸之路基金和中国国家开发银行提供大量资金支持时,曾满心怀疑的人们开始明白"一带一路"倡议的严肃性。当习近平主席和李克强总理开始世界巡回邀请各国加入时,人们对该倡议的重要性再无疑问。从亚洲到欧洲、非洲甚至拉丁美洲(如厄瓜多尔)的60多个国家已经同意加入这一倡议。中国与其他国家和国际组织签署了140多项关于"一带一路"倡议联合建设计划的法人协议。现在,烦恼的批评者们转而攻击新的目标,即指责"一带一路"倡议隐藏着征服世界的新霸权议程。当下有待习近平主席做的就是反复强调"三个没有":没有干涉别国内政,没有经营势力范围,没有谋求地区事务主导权。

不过中国的反对派可能会质疑他们是否应该接受习近平主席的承诺。对中国未来的意图，世界可能得拭目以待。但是，鉴于中国过去的历史以及中国有机会融入全球经济的必要性及其可获得的尊重——这应该比经济或军事力量更加重要，不应该怀疑习近平主席信守承诺。例如，虽然美国彻底让人气馁，但世界主要国家对亚投行的资助展示了全球信任。亚投行创立之初，有57位成员。截至2018年，在全球范围内已有93名获批成员。2018年12月，联合国全体会议通过了一项决议，以表彰亚投行对联合国发展任务的密切配合和贡献。决议通过后，亚投行将受长期邀请，以观察员的身份参与审议联合国大会和经济及社会理事会这两个以发展为重点的主要机构。这一地位使亚投行在联合国体系中同经济合作与发展组织和区域开发银行等其他发展组织相提并论。

乔纳森·希尔曼[81]在《华盛顿邮报》上发表的一篇文章，有趣地将"一带一路"倡议及其在亚洲1万亿美元基础设施的投资，和美国一个半世纪以前的"西进运动"中建设横贯大陆铁路的经验进行了比较。文章指出，美国横贯大陆铁路带来的利益有限，主要是精英阶层获利，但给社会带来高昂的成本，忽视了集体福祉。希尔曼提到美国建设铁路的三大缺点：

（1）政府提供大量补贴，而贿赂和回扣在各个政治层面普遍存在；

（2）过度施工导致基础设施质量低下，如低质桥梁、列车脱轨和时间表管理不善；

（3）快速建设推高土地价格，过度定居带来非生产性土地和环境灾难。

文章的结论是，没有具体的证据表明"一带一路"倡议在重蹈美国铁路的覆辙，并指出："融资往往是不透明的。大量补贴为中国的国有企业提供了动力。项目追求速度胜于安全——先迅速破土动工，后处理环境和社会问题。"[82]虽然"一带一路"倡议不应忽视美国错误带来的教训，但这篇文章进行无法证实的比较，考虑欠佳。虽然如前面所讨论，中国国有企业已获补贴，尽管正在进行深入的改革以减少补贴，但项目融资似乎是由亚投行根据世界各地开发银行的正常标准来处理的。尽管如此，"一带一路"倡议应该明白需要谨慎留意，仔细监控其投资组合中的项目标准。我们当然与这篇文章中深思熟虑的评论协调一致，因为建设基础设施本身不应该是目的。"一带一路"倡议项目的基本要求应该是参与国战略发展计划的内容，为此，必须进行全面的可行性研究，国家利益至关重要。例如，环境影响研究应始终是这种可行性研究的重要部分。

随着越来越多的"一带一路"倡议项目的启动，对"一带一路"倡议的债务的担忧也在增加。担忧来自贷款平台的双方。对于中国银行而言，可能需要提高对某些项目可融资性的认识，特别是对信用评级存在问题的国家的项目。对借款人而言，债务积累在某些情况下可能会造成沉重的负担，导致还款积压。2018年3月，总部设在华盛顿的美国智库全球发展中心发布了一份报告，声称由于贷款过多，中国对一些国家的财政构成严重风险。该报告继续列出财政面临严重风险的七个国家：蒙古、老挝、吉尔吉斯斯坦、塔吉克斯坦、马尔代夫、吉布提和黑山，不过报告的确没有提到巴基斯坦和斯里兰卡、马来西亚，可能马来西亚的财政风险没有那么严重。也有人指责中国的贷款政策，例如，东京大学川岛真教授指出："如果中国提供的贷款超出了接收国的偿还能力，中国收购港口的控制权将让邻国明白中国正在利用这种能力及其经济实力获取这些控制权益。"[83]本文旨在做出建设性的总结，建议中国在通往共同命运的道路上与邻国建立信任，致力创造真正双赢的局面。

在中国对一百多个"一带一路"倡议项目中的某些项目可能会做出错误判断时，我们会进而联想，中国在试图利用其他参与国的弱点，特别是信用评级较低的国家，通常需要从信贷管控不那么严厉的机构获得更多的帮助。如果中国通过帮助那些需要帮助的人来结交朋友，那么这应该被看作是一个完全正常的姿态，这是对一个有能力伸手援助他国的国家的正常期待。应该更深入地探讨这方面的问题，这与全球忽视发达国家过去承诺却未兑现向最不发达国家和负债的低收入国家提供充分的官方发展援助有关。对这些弱势的经济体，中国可以选择袖手旁观，不给予援助，也可以伸手相助，被指责动机不明。信任建设是一个长期过程，不能仅通过一两个项目的一些短期交易来决定。正如李克强总理所喜欢引用的诗人卡利尔·纪伯伦所说的那样："和你一起笑过的人，你可能把他忘掉。但是，和你一起哭过的人，你却从不忘记。"这可以用来作为中国向欠发达经济体提供援助的基本原则。

为了能够从实际情况中了解更多信息，我们现在来了解三个众所周知的例子，这三个国家通常不被视为高风险经济体。我们想从这些项目中找出可能影响"一带一路"倡议项目的错综复杂的经验教训。

第一，为了向外界开放中国欠发达的西部地区，以进一步推动发展加速，我们在中巴经济走廊的背景下讨论了新疆的喀什与巴基斯坦的瓜达尔深海港的联系。除了东南亚陆桥外，这条走廊还被列为"一带一路"倡议计划的主要板块。中巴经济走廊包括多个项目，特别是一系列发电厂和山区公路生命线的升级，以及瓜达尔周边经济区的发展。来自西方的批评者现在指责中巴经济走廊是巴基斯坦新出现的债务问题的罪魁祸首。巴基斯坦的情况是：自1990年以来，该国不得不10次寻求援助，而且再次需要援助时仍未还清上一次的债务。因此，该国缺乏宏观经济纪律必定是其经济长期无流动性现金的部分写照。但这次据说中巴经济走廊的成本高于预期，从中国进口的机械设备导致该国经常账户赤字增加了50%以上。同时，中国已向巴基斯坦提供了额外的财政支持，但似乎还不足以填补其财务空缺。批评人士认为，在批准贷款前，中国应该对巴基斯坦经济进行的深层结构性改革设置条件。事实上，中巴经济走廊本身可能是其所需改革的一部分，因为其将有为巴基斯坦提供更多的电力供应以支持制造业部门，并通过配备更好的深海港口以改善与外部世界的贸易设施。这些应该是像巴基斯坦这样的国家为增强竞争力所需的结构性基础设施投资。如果巴基斯坦必须通过国际货币基金组织的财政援助获得救助，这预计会有取消或降级中巴经济走廊的条件。虽然这样巴基斯坦可能能够偿还外债，但其经济将受承包活动的影响进而恶化、并挫伤其竞争力。鉴于新的巴基斯坦政府倾向继续开展中巴经济走廊项目，可能必须通过巴基斯坦政府、国际货币基金组织和中国之间的三方协议寻求解决方案，以便为以巴基斯坦政府为主导的中间路线铺平道路。像巴基斯坦这样的困境，反映了许多新兴市场经济体在缺乏良好的全球治理平台的情况下，必须在对立的地缘政治力量之间取得平衡。

第二，2018年马来西亚总理马哈蒂尔在北京人民大会堂会见李克强总理后说："我们不希望出现新的殖民主义，因为穷国无法与富国竞争。"马哈蒂尔总理刚中止了与中国交通建设公司建立东海岸铁路连接的一份合同，以及与中国一家能源公司建设天然气管道的一项协议。马来西亚中止中国资助的基础设施项目有不同的原因，包括：①马来西亚的公共债务过高（2017年底占

GDP 的 80％）；②如东海岸铁路等部分项目的成本不合理，据称有别的提案成本不到原合同（134 亿美元）的一半；③所有中止的项目最初由前马来西亚政府签订，而目前正在调查这些项目是否存在腐败行为；④现有的西部沿海铁路连接虽然经过人口稠密的地区，但却无法盈利。

从这个角度来看，马来西亚政府的行动实际上与任何"一带一路"倡议条件无关，而更多受经济实际的必要性影响。马来西亚—新加坡快速列车连接的另一个与"一带一路"倡议没有任何直接关系的项目也被推迟了。马来西亚大量与"一带一路"倡议相关的业务，都有中国的参与。中国广西北部湾港集团签下了在南海沿岸战略港口城市关丹建设深水码头和工业港的合同，另一家中国企业——中国电力建设集团和另外两家中国港口开发商，应该能让破败的马六甲港口区恢复昔日的国际影响。马六甲门户项目计划建设三个人工岛、一个新的深水港和一个离岸金融中心。在房地产方面，中国最大的民营房地产开发商之一碧桂园与当地投资机构合作，已在马来西亚半岛尾部建成大型房地产项目——森林城市。该开发项目包括面积约为 8 平方英里的 4 个人工岛，作为"一带一路"倡议的项目主要针对中国客户进行销售。虽然该项目没被视为地缘政治策略，但引起了人们对该地区种族平衡问题的关注，并且可能被马哈蒂尔总理领导的新马来西亚政府视为敏感话题。人们熟知马哈蒂尔总理坚信之前的土著马来人策略让马来西亚的华人享受到了优待。当美国前总统奥巴马于2015年成立跨太平洋伙伴关系协定时，马来西亚是以创始合作伙伴身份加入该协定的四个东盟成员国之一。因此，马来西亚案例表明，亚洲经济新兴市场必须经历微妙的地缘政治行动，在日渐式微的旧霸权之间平衡自己的利益时，还要试图防止新的霸权兴起。

马哈蒂尔总理曾说过，因为中国经历过不得不应对西方强加的条件所带来的创伤，所以中国应该对像马来西亚这样的国家的困境抱以同情。他补充说，马来西亚暂停与中国的部分项目不会对中国产生任何负面影响，毕竟中国在可预见的未来仍会是马来西亚和整个东盟最大的贸易伙伴，最终也会是东南亚最大的投资者。为了使"一带一路"倡议能够认真考虑所有这些敏感问题，应该引起重视并努力建立信任，将其列入倡议优先事项清单。

第三，饱受争议的斯里兰卡汉班托塔港运营建设和转让的情况受到了媒体的广泛关注和报道，报道的目的通常旨在描绘中国雄心勃勃地使用贷款和援助以获取全球影响力的意图。我们介绍这一发展项目的事实以及斯里兰卡与中国之间的政治关系，试图来捕捉"一带一路"倡议的复杂性。反对力量指责"一带一路"倡议，认为该项目处理不当的地方非常严重的，指控的理由包括声称对斯里兰卡前总统拉贾帕克萨支付大额竞选经费，对港口位置的情报和军事战略考虑，中国拒绝重新谈判贷款，但要求移交港口股权；由于该港口项目涉及地缘政治因素，例如拉贾帕克萨政府由于在没有其他可能性的情况下获得援助而倾向于与中国建立更紧密的联系；以及后续政府对印度的重新定位；围绕该项目的争议性问题变得非常模糊。在移交港口时，中国招商局集团与斯里兰卡政府合作建立了一家合资公司，负责管理港口运营，其中中方拥有70%的股权。根据印度的要求，最终移交协议明确禁止各国将该港口用于军事目的，除非获得科伦坡政府的许可。抛开政治因素，该岛在印度洋的战略位置——拥有通往东南亚、南亚其他地区、海湾地区和非洲的良好海上通道，使其成为"一带一路"倡议西向运输路线的重要地点。虽然汉班托塔经常被评论，但"一带一路"倡议在斯里兰卡的参与包含其他多个港口的利益，如科伦坡国际集装箱码头和科伦坡港口城市。2017年7月，汉班托塔港口的转变实际上是为了使该项目变得可行，因为此前汉班托塔一直艰难地在印度洋各大港口激烈的竞争中寻找自己的一席之地。作为"一带一路"倡议项目，汉班托塔可能会重获新生，与"一带一路"倡议提议的主要的东—西海上走廊连接。据说"一带一路"倡议的中国官员已开始以"一带一路"倡议的名义盘点众多交易，以确定该倡议的净财务风险。对"一带一路"倡议项目进行持续评估应作为组织的有机组成部分，以便合法地控制其透明度。习近平主席已经确认将支持加强国际反腐合作，诚信建设"一带一路"倡议。对斯里兰卡的情况，港口官员和中国分析人士认为，从长远来看，汉班托塔港可以实现盈利，但目前其作用在于加强中国在该地区的贸易能力。考虑到前面所述该港口在海上线路的战略连接,这似乎是更现实的设想,而不是一个要统治印度洋海事的军事阴谋,因为这样的阴谋很容易激怒使用相同航道的其他力量。对胸怀壮志、希望登上世界之巅的国家而言,最值得选择的道路应该是成功地穿过经济雷区而非军事雷区。

因此,"一带一路"倡议最终能否成功,不仅取决于参与国的数量或所开展项目的数量,还取决于可用于倡议的资金额;更确切地说,取决于如何处理参与国必须应对的经济和地缘政治困难的现实。研究中国将如何在"一带一路"建设过程中解决这些有争议的案件也是至关重要的。参与这一宏伟计划的国家可能需要来自各方的财政和物质援助,不过当然,这些国家不应该被迫采取各自的立场。因此,正如我们已经看到的美国为印度—太平洋地区所做的努力,竞争对手的计划正在出现。其中之一包括由日本和印度推动的亚非增长走廊。这个项目采纳了印度总理纳伦德拉·莫迪的"东向行动"政策与日本首相安倍晋三的自由与开放的印度—太平洋战略。印度和日本都可能正当地关注中国的崛起以及"一带一路"倡议对中国作为新多边主义先驱的主导作用的影响。这导致德里和东京之间达成一系列基础设施交易,包括日本对巴德—孟买高速列车和德里地铁的支持。据报道,日本还在调查投资印度东北部基础设施的方式,该地区也是"一带一路"倡议运输走廊的地带之一。

第四章
"一带一路"倡议：21世纪的丝绸之路

亚非增长走廊是2017年非洲开发银行在古吉拉特邦举行的一次低调会议上启动的。与"一带一路"倡议类似，亚非增长走廊旨在通过投资基础设施、人类发展和一些其他能力建设发展合作项目以促进连通性。除这项努力外，印度还与俄罗斯、伊朗一起开发南北交通走廊，在印度西海岸和城市之间建立多式联运，远至圣彼得堡，穿越从中国北方经蒙古到俄罗斯的部分"一带一路"倡议的新欧亚走廊。

虽然大家会经常提到中国和印度之间的竞争关系，以及印度为"一带一路"倡议给印度陆地和海事的安全问题所带来的影响而担忧，不过正如我们之前所提到的，习近平主席和莫迪总理2018年的春季峰会并没有引起人们对两国差异和分歧的关注，人们更为关注的是两国在过去历史上扮演的关键角色以及在未来新的多边主义世界中可能共同发挥的关键作用。我们已经列举了几个类似中印合作的案例，例如支持印度铁路系统的投资。此外，在2018年6月青岛举行的上海合作会议期间，中国宣布同意在汛期向印度提供Bumiputra河流水文数据，这一举措既有助于预测洪水，也有助于提前预测水资源短缺。[84]我们想重申，中印合作和权力分享将对亚洲的未来具有决定性作用，而且"一带一路"倡议很可能应该服务于将这两个亚洲巨头，将引领亚洲为首的以发展为主导的全球化发展这一目的。

由于建筑和工程项目在"一带一路"倡议项目中占主导地位，

因此与这些特定行业相关的业务公司自然会受益。中国交通建设股份有限公司、中国铁路集团和中国中车集团有限公司（由中国北车和中国南车合并而成）是中国顶尖的工程采购承包商。中国交通建设股份有限公司确实能代表中国的企业形象，并将成为"一带一路"投资合作的主要参与者。北车和南车合并而成的中国中车集团有限公司成为中国最大的火车生产商，已（由北车）向波士顿地铁提供列车，应成为泰国首个高速列车项目的主要供应商。但"一带一路"倡议不应只关注中国建筑公司，虽然它们会是主要参与者，本地基础设施公司应成为"一带一路"倡议项目的主要参与者。中国公司作为主要承包商可能拥有专业知识、规模和资源，但是它们应该需要与当地的实施和运作机构合作。"一带一路"倡议地区的其他基础设施公司可以作为项目的分包商、共同承包商或合作伙伴。它们的参与对确保顺利施工和项目可持续性至关重要，同时有助于建立对倡议的信任。同样，应根据当地参与机构作为建筑服务供应链的一部分也能在交易中得到的收获和在供应链地位提升方面得到的帮助来判断"一带一路"倡议的成功程度。

"一带一路"倡议并非全部和中国大型企业有关。同样，"一带一路"倡议这些项目的员工也不会主要从中国招聘。事实上，该倡议的发展价值之一在于其有能力在沿线创造更多体面的工作岗位。在初始阶段，管理层可能需要中国工程师，但最好是将他们的专业知识和技术尽可能快地转移给当地运营商。应该说服从事"一带一路"倡议项目的中国公司雇用更多当地的劳动力,因为这将有助于:降低建设成本、克服文化裂痕、减轻政治紧张局势。总之,从在这方面吸取的重要经验教训,可以做出有意义的调节和调整,以真正确保所有参与者分享该倡议的所有权,特别是允许平等的发言权和其他权利,公平地分享项目的成果。所有这一切对于建立信任的努力至关重要,也将使"一带一路"倡议走向以发展为主导的、包容的全球化示范框架。

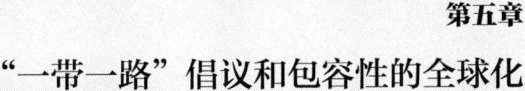

第五章

"一带一路"倡议和包容性的全球化

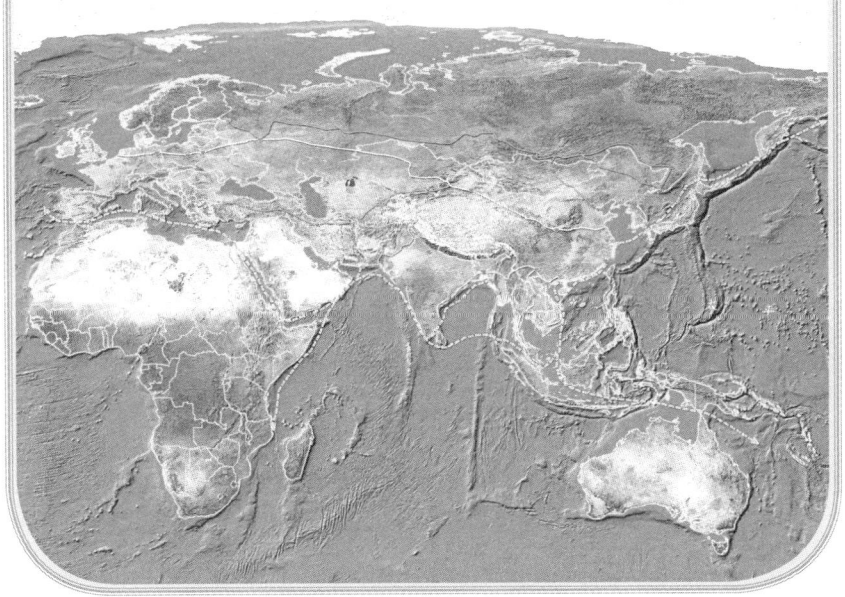

第五章
"一带一路"倡议和包容性的全球化

▶ 缺乏"仁爱"的全球治理急需"一带一路"倡议

要让"一带一路"倡议有助于重建可以使各国同时水涨船高的全球化进程，不妨参考一下中国最著名的先贤之一——孟子的相关建议。孟子生活在2300多年前（比孔子晚100多年），继承了儒家思想圣火，是儒家至高的代表人物。其教诲和经验对我们思考包容性治理极有价值，因为在其生活的时代，各诸侯国为争夺霸权，烧杀掳掠，置人民于水深火热中。孟子学说的核心简单却又深刻，被其称为"仁政"。长期混乱使各诸侯国分崩离析，孟子在乱世中宣扬通过"仁政"而非武装力量来统一国家，让天下太平。当时的情况可以和我们在前几个章节中描述的全球混乱、缺乏"包容性"或"仁爱"治理的情况相提并论。发展合作伙伴关系逐渐在发达国家失去实质性内容，因为发达国家（少数国家除外）放弃了海外发展援助的目标，但同时对农业又保持了过高的补贴水平，这恰恰是贫困国家农业发展的主要障碍。尽管国际货币基金组织推荐的过于草率的金融自由化已使一些国家在缺少必要准备的情况下而屈服，但随后在国际货币基金组织所谓的救援行动中附加的条件——实行周期性紧缩，完全损害了受影响的经济体。与之形成鲜明对比的是，当发达国家在美国次贷危机后陷入困境时，却允许相反的反周期宽松措施——正确的补救办法。预计发展中国家在多边机构中日益增加的作用尚未实现，因为如我们所见，美国国会批准国际货币基金组织配额改革的过程极其麻烦棘手。缺乏"仁爱"或"以发展为导向"的全球治理急需采取有效行动，但这只是荒野中的呼声。习近平主席在2017年达沃斯会议上的讲话为在全球层面分享更多利益带来了希望："'一带一路'的'朋友圈'正在不断扩大。中国企业对沿线国家投资达到500多亿美元，一系列重大项目落地开花，带动了各国经济发展，创造了大量就业机会。可以说，'一带一路'倡议来自中国，但成效惠及世界。"[84]

根据世界银行2013年发布的《2030年的中国》报告，应在此重申两项关键建议。一是通过把更多的投资转移到西部和北部以促进机会均的战略方向。从"一带一路"自中国西部向南亚和中亚的延伸可以很清楚地看到中国正在积极推行这一战略。虽然倡议为中国偏远地区提供了与邻国更长期的贸易机会和通往外部世界的更多通道，但中国希望能够为沿线涉及的地区带来好处。在解决中国部分问题的同时，共享利益是"一带一路"倡议构架的一个关键环节，能证明该倡议作为一条发展通道的价值。因此，必须以更全面的方式对沿途项目进行评估，同时将参与国的自主权和发展战略作为评估构架的内容加以考虑。

第五章
"一带一路"倡议和包容性的全球化

《2030年的中国》报告提出的另一项关键建议是中国需继续密切参与全球体系。我们提出了这样的概述：中国将不得不推动国内经济发展，特别是贫穷人口的住房问题、教育投资和全民医疗等领域的发展；与此同时，中国仍需保持参与外界，特别是参与推动全球治理改革。在这方面，"一带一路"倡议必须对在受援国建设更大的生产能力提出关键的经济影响问题。最理想的情况是倡议让一个无党派的评估委员会或外部顾问进行评估。与此同时，如果其中部分项目出现困难，必须与成员国一起制定严肃的解决办法，以显示集体责任。应响应习近平主席一再强调的全球互联互通的必要性，使各国在改革全球经济治理体系的号召支持下实现互联增长。《斯蒂格利茨报告》认为七国集团和二十国集团并非足够包容、能够应对全球系统性挑战的全球指导小组。报告重申了对任何未来治理模式的结构要求，以确保包容性和发展中国家有适当的代表性，并提议建立一个全球经济协调理事会。也许值得在"一带一路"倡议的权限范围内建立这样一个理事会，为包容性治理发展成多边论坛铺平道路。

"一带一路"倡议给全球化的发展带来支持

"一带一路"倡议进行这样一项宏伟的壮举会带来什么不同？倡议至少可以在以下七个方面为全球化的发展方向提供支持。

（一）"一带一路"倡议的"命运共同体"目标涵盖了经济、文化、互联互通等五个方面，包括从有形的基础设施和相关的贸易便利化，到通过政策协调、文化联系和金融合作来调整利益。政策协调是目前七国集团和二十国集团等国际团体缺少的关键环节之一。在预先没有对任何重大政策达成一致的情况下，倡议参与国在调整如在贸易便利化等领域上的一些低调政策时，方式上可以不那么死板。初期的讨论可涉及海关程序的信息流、信息标准化以及统一程序的进一步协议。可以让精通海关手续和贸易便利化的世界海关组织和贸易发展会议等中立机构作为可靠的中间机构加入倡议，以推动软谈判和最初可以商定的交易或指导方针。关于"一带一路"倡议贸易便利化的一些框架，可以采用在多边层面上已达成的对内陆经济体的特殊待遇。这对因更高的货运成本导致对外竞争力一直在减弱的中亚国家可能有很大帮助。事实上，"一带一路"倡议可以将最近缔结的《贸易便利化协定》（2017

年）作为部分战略，采用以下三节：

第一节：制定包含边境货物运输规定的海关合作条款，包括入境和过境货物的放行和清关。

第二节：具体规定特殊和差别待遇条款，允许发展中国家和最不发达国家确定何时执行协议的个别条款。事实上，在这方面"一带一路"倡议还可以向最不发达国家成员提供特别援助，以加快其实施贸易便利化的进程。

第三节：呼吁在世贸组织设立贸易便利化常设委员会，并要求成员国设立贸易便利化全国委员会，以促进国内协调并遵守《贸易便利化协定》的规定；其实各国委员会也可以将贸易便利化进程与未来的国家战略计划联系。

世贸组织提出的估算表明，全面实施《贸易便利化协定》可以平均降低14%的贸易成本，并使全球贸易每年增加1万亿美元，而最贫穷的国家受益最大。由于执行协定的要求与各国贸易便利化能力直接相关，"一带一路"倡议可以参与升级倡议参与国的贸易便利化能力，这也将有助成功实现倡议关于连通性的目标，同时能促进多边贸易体系的包容性。

关于"一带一路"倡议在促进加强多边贸易体系和将发展战

略要素引入全球治理方面的潜力,主要由世贸组织、国际货币基金组织和世界银行推动的贸易援助计划可与"一带一路"倡议的部分内容适当合并。如我们在前一章所言,贸易援助计划最初的计划应该是在国际贸易和发展之间建立更紧密的联系,避免只在标准或自由的基础上进行贸易。世贸组织发挥作用,鼓励双边、区域和多边捐助方提供贸易援助,支持发展中国家,特别是最不发达国为贸易能力建设所做的努力。特别是在最近2017年监测报告中,贸易援助计划再次强调贸易包容性和连通性对可持续发展的重要性,这与"一带一路"倡议的"共同命运体"战略协调一致。计划强调贸易成本问题使发展中国家许多中小型企业在利用市场准入机会时很难具备足够的竞争力。基础设施过时或不合适,边境程序繁琐、耗时,获得贸易融资的机会有限以及满足一系列密集的标准成本高昂等障碍,阻碍了这些公司充分参与国际贸易。现代市场的连接可以是物理的,也可以是数字的,现在市场的互联与开展贸易、便利人员、货物和服务的流动以及更直接地进入全球经济密不可分。特别是新技术正在降低提供跨国服务的成本,并将价值链上的不同行为者连接起来。"一带一路"倡议可能会在进行电子贸易连接和基础设施投资方面引入另一项并行举措。像阿里巴巴、亚马逊和易趣这样的全球互联网公司,正在推动消费者和中小企业更直接地参与国际贸易。随着中国深入参与电商平台,"一带一路"倡议可以利用这些平台来帮助消除"数字贸易政策鸿沟",这对"一带一路"倡议不同线路上的城市将是巨大的福音,能使其融入一带一路。

(二)"过度负债"已成为批评人士在指责"一带一路"倡议时反复提到的问题。无论有无"一带一路"倡议,全球债务在过去十年里都再次大幅飙升。根据国际清算银行的数据,全球债务在 GDP 的比例在 2007—2017 年从 179% 猛增达至 237%。债务现在是世界各地经济不稳定的主要原因,例如拉丁美洲的阿根廷和委内瑞拉、欧洲的土耳其和希腊、亚洲的巴基斯坦。在中国,公共和私人债务总额在过去十年翻了一番,占 GDP 的 300%。虽然中国拥有巨额外汇储备,能控制其债务,但对其他外汇储备较少的国家来说,偿还债务的负担无疑难以承受。

国际清算银行一再警告,全球经济规模已达创纪录水平,债务问题因平均质量恶化而加剧。只有 11 个主权国家和两家美国公司获得 AAA 评级,而未偿还贷款和债券的平均信贷质量却在持续下降。货币政策在实施量化宽松不断注入流动性多年后,现已经恢复正常化。随之而来,还本付息和债务展期很可能变得更加昂贵。

因此,把部分倡议参与国债务恶化的问题完全归咎于"一带一路"倡议绝对是荒谬的。可能必须在利率极低的长期内寻找真正的罪魁祸首。极低利率主要是在美国次贷危机引发金融危机后,发达国家为重振经济而空前放松货币政策带来的结果,极低利率也诱使各国过度借贷。此外，加强贸易保护的趋势使发展中国家的贸易平衡很容易出现更大赤字。在金融危机之后的几年里，贸易流通的停滞几乎没有给竞争力较低的经济体留下走出困境的空间。

话虽如此，这并不能意味"一带一路"倡议对其贷款政策的所负的责任就减少。困难在于，要想以发展为主导，"一带一路"倡议就必须为缺乏资金来源的负债发展中国家提供合理的融资。对处境艰难的国家来说，建设基础设施是发展战略的关键。但随着全球经济状况不断恶化，仅有来自"一带一路"倡议的常规融资是不够的。在这种情况下，最佳做法是"一带一路"倡议采取联合国的责任借贷原则，避免陷入无把握的债务陷阱。对于那些需要解决债务问题的情况，必须找到一些最不痛苦的中间路线。

联合国于2009年启动相关政策，强调债权人和债务人分担责任，防止不可持续的债务状况，提供了一套与主权债务有关的普遍得到接受的原则和做法，以避免债权人和主权债务人出现不守纪律、无效、滥用职权或不合作的行为。责任信贷决策的关键原则之一是应该根据有关尽职调查和国民账户客观的和商定的技术规则，基于主权借款人现有的最佳信息，对其偿债能力进行实际的评估。对于产品融资，放款人有责任对项目的可行性进行事前调查，包括监测项目对财务、社会和环境的影响。在有必要进行债务重组的情况下，调查进程应毫不拖延，本着诚意，以协商一致的方式重新安排债务。

对贷款的政府而言，在寻求主权贷款时必须权衡成本和效益，并保证项目和融资条件完全透明。应当有独立的审计机构对其债务组合进行独立、客观、专业和及时的审计，以评估所产生的责任。这样做可以防止过度借贷，因为公平及时的评估能提供正确的指导。

总之，联合国的责任借贷原则包括一套指导方针，"一带一路"倡议可以将其纳入自己的操作框架，以确保融资做法的透明度和纪律性，这将有助于增强对倡议的信心。特别是涉及债务重组的情况时，协商一致的重新安排原则应该成为谈判的关键指导方针。

有批评指出部分"一带一路"倡议成员国，如斯里兰卡、巴基斯坦、马来西亚和马尔代夫的债务问题是由"一带一路"倡议的项目和融资造成的。要反驳这样的观点，可能需要从项目的起源和政府的更迭中去寻找答案（政府的更换往往会招致债务问题的责任出现转移）。尽管如此，"一带一路"倡议必须加入寻找我们前面讨论过的问题的解决方案中来，以显示其善意和诚信。

（三）在全球层面，2015年联合国会员国启动了当代最全面、最宏大的发展议程之一，即我们在第二章简要讨论过的《2030年可持续发展议程》。为了有效地实现可持续发展这一目标，需要在国家、地区和全球各级开展合作并采取行动。有了明确的支撑可持续发展目标的基本理念，"一带一路"倡议应该能够支持全球的努力，以证实自己以发展为导向的路径角色。

第一，人类、星球、繁荣、和平与伙伴关系这五个英文首字母为 P 的"5P 原则"是可持续发展目标的基本原则。这种类似的理念也可成为以"共同命运体"为主要目标的"一带一路"倡议提案的推动力。

从倡议以"人民"为中心的方面来讲，现代丝绸之路的应用可以充分反映古代丝绸之路不仅是一种贸易互通手段，也是各种宗教、民族社会和文化交流融合的渠道。运输和通信方式的改善可以进一步促进沿线各走廊自然人的流动，可以通过流动性进而强调丝绸之路的多种族背景。共同促进沿途文化旅游也可成为"一带一路"倡议连通性计划的内容。

在处理"地球"的可持续性问题时，可以考虑遵守 2016 年制定的联合国气候变化框架公约——《巴黎气候变化协定》和联合国责任借贷原则。中国一直在大量投资可再生能源项目，例如太阳能电池生产和位于中国西北世界上最大的风力发电厂。"一带一路"倡议可以汲取这些经验，激发人们对创建可持续发展的"一带一路"的兴趣，以帮助我们的"星球"更适宜生存。

"一带一路"倡议在基础设施方面的投资通常会带来更多的贸易和投资活动。从可持续发展目标的意义上讲，应该在不同群体之间平等地分享通过经济手段创造的"繁荣"，还应该增加低收入人群的就业机会和收入增长。例如，连接农村腹地和海港的道路可以使农产品抵达更多市场，开辟更多销路，从而保护更好的农产品价格。边境地区的经济区可以吸引制造业和食品加工业的投资，这也会带来更多元的"繁荣"。

和平应该是"一带一路"倡议固有的特质，因为倡议促进连通性、文化交流和人员流动，尤其参与国边境地区的连通和交流。古谚云："商品无法跨越国境时，军队就会跨越国境。"这句话反过来的意思就是贸易关系有助于维持边境和平。如果一带一路能通过经济合作和政策协调，连接从亚洲到非洲和拉丁美洲的国家，就更能增进全球的互相了解，带来更多的和平红利。

在伙伴关系方面，"一带一路"倡议"共同命运体"的方式决定倡议的战略上应培养集体决策文化。正如中国领导人反复提到的，虽然发起这一倡议的是中国，但这一倡议属于所有伙伴国家。如果"一带一路"倡议在代表所有成员的治理委员会的基础上轮流工作，就可以成为建立真正伙伴关系的模式。在"可持续发展目标"方面，"伙伴关系"的目标是让发展中国家在与发达国家平等的基础上参与全球机构。如果在"一带一路"倡议层面集体领导和集体责任能发挥良好的作用，那就有充分的理由说明发展中国家在全球层面能发挥更大的作用（即使没有"一带一路"倡议也应如此）。

第二，在我们努力将可持续发展目标的基本理念植入"一带一路"倡议时，根据亚太国家在亚太经社会权限内于2017年商定的区域路线图[85]，"一带一路"倡议将提供的支持应该能够通过加强亚太地区公共机构的有效治理更好地执行《2030年议程》，同时提高"一带一路"倡议联合治理的可信度。有五个优先合作的领域是执行《2030年议程》的关键：

（1）数据和统计：提供高质量的数据对于衡量和评估可持续发展目标的执行情况至关重要。然而，该地区在数据获取方面仍然存在巨大差距，特别是对关键领域起决定性作用的个体数据，如不平等、人力资源开发数据尤为如此。通过在不同城市和国家之间推进拟定的连通战略，"一带一路"倡议一定会成为统计数据的来源，可以满足国家统计系统的部分需求。

（2）技术：现在人们充分认识到科学、技术和创新在支持可持续发展、推动增长和生产力方面发挥着至关重要的作用。由于这些国家的贸易竞争力的逐渐下降（也基于我们在第二章讨论过的萨缪尔森—萨莫斯理论），来自发达国家的技术转让并不总是容易获得。作为亚太经社会的一项建议，区域合作（"一带一路"倡议也适合这一角色）应义不容辞地通过发展社会企业来促进各国交流最佳做法和能力建设，并影响投资市场。

（3）金融：为给《2030年议程》的实施提供充足的资金，发展中国家需要补充缺乏的公共财务。例如，2014年亚太地区发展中国家能调动的税收仅占GDP的17.6%，只是经合组织成员国平均水平的一半。所有这些亚太国家都必须进行自己的财政改革，增加国内收入。但由于地区金融市场不发达，很难实现外部融资。亚投行和丝绸之路基金提供的额外资金来源绝对是必要的。此外，就这一方面而言，额外的基础设施融资对于缺乏资金的国家来说是件好事。当然，前提是将联合国的责任借贷原则纳入融资准则。

（4）政策一致性：若干可持续发展目标是相互关联的，特别是涉及消除贫穷、不平等（包括性别不平等）和可持续性的目标。要成功实现《2030年议程》，就得要求政策协调一致，采取综合办法，摆脱狭隘的单一部门政策。"一带一路"倡议的相关项目也是如此，特别是各种经济走廊必须考虑如对沿线社会的影响，包括财务可行性，正如我们已经讨论过的参与国的债务问题。事实上，"一带一路"倡议各地理组成部分，如东南亚走廊、中亚走廊、连接东亚和西亚的海上走廊的战略声明可能会增加对整个倡议本身的理解和接受。

（5）北南、南南、国际和区域伙伴关系：这一"伙伴关系"的理念已在上文中充分阐述过。这里还需要补充的是北方和南方之间的横向合作将会是全球和区域价值链未来的根本。因此，"一带一路"沿线的经济连通性应该能够带来这样的网络模式——通过在人力和物质资源领域的生产性投资提升发展中国家的价值链地位。

第三，《2030年议程》的主题问题基本上构成了可持续发展目标的实质性内容，我们将提及本书尚未涉及的几个战略问题。其一被称为"不让任何人掉队"，这相当于处理各种形式的不平等政策，包括收入、财富、机会、性别和获得社会保护的机会。另一问题是灾害风险管理和抗灾能力，这一问题具有复杂的跨国性质。能源效率和自然资源管理问题也应列入"一带一路"倡议议程，以支持可持续性三大支柱的一致性。应尽可能让贯穿《2030年议程》和"一带一路"倡议的贸易主题具有包容性，以公平和平等的方式分享贸易利益。随着线上商务不断扩展取代线下商务，"一带一路"倡议在参与包括从商业到金融、工业和农业等领域的数字经济时可能需要处理数字鸿沟这一主题性问题。

（四）在过去几十年里，亚洲出现了一些重叠的经济合作协定和倡议。不算东盟和南盟的主要经济组群，从印度的布拉马普特拉河到中国的长江和澜沧江、缅甸的伊洛瓦底江、泰国的湄南河及跨国的湄公河等主要河流地区及其三角洲，都出现了几个流域区域倡议。其中一个瞩目的例子就是大湄公河次区域经济合作，该合作展示了河流区域国家在同一愿望的驱动下成功地做出合作努力。该次区域于1992年成立，旨在促进以基础设施投资和连通性为基础的区域合作，已为高优先级基础设施项目调动了近210亿美元资金。在过去的25年里，该地区的外国直接投资增长了10倍，成员国之间的贸易从50亿美元猛增到4140亿美元。大湄公河次区域合作战略的连通性得到极大提高，新建、升级公路

1万多公里,新建输配电线路 3000 公里。自大湄公河次区域成立以来,中国一直积极参与该计划的各个领域,并为促进经济增长和改善人民福祉做出了重大贡献。这一评价也得到了亚洲开发银行行长中茂武彦本人的证实。[86] 他总结说,大湄公河次区域计划可以深化与"一带一路"倡议的合作。这对亚洲所有重叠的区域和次区域合作听起来的确是一个真实可靠的判断。

另一个类似的合作机制是中国推动的澜沧江—湄公河合作机制,而该合作机制显然更重视澜沧江—湄公河的生态保护和开发。湄公河的跨国特点注定对该河流及其资源采取跨国或综合治理和管理的办法是极其重要的。澜沧江—湄公河合作机制的部分优先事项与其他次区域合作机制既类似又有不同,尤其是该机制的目标在于澜沧江—湄公河及其水道的开发,如勘探和管理水资源,加强防洪救灾措施,促进农业发展。此外,该流域还为主流和支流水力发电、灌溉、渔业、航运、旱涝管理、旅游和环境等提供了发展和合作的机会。特别是在湄公河流域下游,仍存在重大挑战,如经济和人口快速增长、水资源、粮食和能源需求不断增加、环境资产、湿地和自然渔业减少、毁林和生物多样性等风险。参与国期望澜沧江—湄公河合作机制是一个有效和有用的协调机制,可以确保在经济发展与保护河流生态系统之间保持适当的平衡。由于中国计划在中国—东盟自由贸易区的框架内建设跨境经济区和工业园区,"一带一路"倡议可以和澜沧江—湄公河合作机制联系起来,将可持续性和能力建设纳入其基础设施连通性框架。持续性和能力建设应该能补充和增加"倡议"的发展价值,使"一带一路"走上通往包容性全球化的道路。

所有这些倡议的主要战略重点可能与"一带一路"倡议的部分内容一致,即:

(1)除了已知的物质基础设施投资外,也必须同时减少边境沿线货物、人员和服务流动的非物质障碍,如减少货车和客车的处理时间;

(2)促进和协调各项战略,以确保运输走廊演变为经济走廊,从而实现农业多样化、工业化并创造就业机会;

(3)关于能源,目的在于通过建设连接各国不同电力系统的输电线路,促进电网互联基础设施的发展;

(4)促进私营部门对电力项目的投资,并对项目质量作出恰当的规定;

(5)更有效和深入地处理水电项目的社会和环境影响;

(6)在农村和偏远地区推广信通技术;

(7)通过全区域签证管理、投资促进战略框架、减少国家风险的保障机制来促进跨境贸易、投资和旅游;

(8)在劳工标准、移徙、移徙工人保护、人口贩卖、技术能力和标准等劳工问题上的合作。

这当然有一些对"一带一路"倡议进行补充、在某些领域相互重叠的共同特点。不同合作项目之间的协同作用应带来额外益处，避免不必要的重叠，这一点得到了东盟东亚研究院2010年的另一项研究的证实。该研究作为"亚洲发展综合计划"先于"一带一路"倡议提出。该计划建议将大湄公河次区域、印度尼西亚—马来西亚—泰国增长三角和南部群岛东盟东部增长区（文莱、印度尼西亚、马来西亚、菲律宾）等三个现有走廊和（通过海上线路将土瓦和马德拉斯港连接起来的）湄公河—印度经济走廊连接。研究报告分析称，所有这些相连的区域将产生最大化的效益。如果能将"一带一路"倡议加入这些区域，效益最大化的程度将得到更大提升。应安排"一带一路"倡议＋会议，使这些区域的代表齐聚一堂，确定可共同规划和实施的关键互补领域和必须避免重叠的领域。区域和次区域倡议的一些薄弱领域，如项目制定薄弱、满足国家而非集体需要的项目、提案与资金来源不匹配、缺乏全区域协调等，应该通过将不同但相关的区域和次区域方案联系起来更有效地加以处理。

（五）很明显，作为"一带一路"倡议方案设计的内容，中国国企应该承担沿线各种基础设施投资和建设项目的主要运营商的角色。有充足的财政和技术支持，这些规模较大的公司能有效地执行任务，也能与当地较小的承包商开展联合行动。批评人士就这些国企的角色提出了一些"一带一路"倡议平台应该注意的

长期存在的问题,即:

(1)作为国企,国家补贴的问题永远不会消失,会导致对项目的成本产生怀疑;

(2)被选中从事"一带一路"倡议项目,有时不用进行竞争性招标,这会带来对项目合法性的质疑,特别是当项目似乎存在财政困难时;

(3)和政府的联系有时会导致人们怀疑部分"一带一路"倡议计划背后的真正意图,尽管这些计划可能是真的是出于善意;

(4)在与当地私营公司竞标时,可能还会被质疑做法不公平。

关于中国国企的竞争,在欧洲引起了巨大反响。欧洲最大的两家工程集团——法国阿尔斯通和德国西门子2019年达成的一项里程碑协议在欧洲引发了激烈的争论。在政治方面,这一重大合并的支持者给出的理由是必须面对他们所谓的来自中国大型国企的商业威胁。从欧盟竞争专员方面来看,两家工程集团的铁路资产合并不可能在严重损害竞争和提高价格的情况下获得批准。在欧盟竞争事务专员提出建议之前,由欧盟专员团审理该合并案对欧洲来说是不同寻常的事。据报道,西门子和阿尔斯得到了各自政府领导人的明确支持。他们认为此次合并是欧洲避免与世界上最大的火车制造商——由中国政府支持的中国中车股份有限公司竞争的唯一途径。

第五章 "一带一路"倡议和包容性的全球化

通过中资券商里昂证券的分析，几家从事建筑和运输业的中国公司已做好准备从"一带一路"倡议带来的机会中获利。由于国内需求可能不会像过去那样增长，随着经济的成熟，整体经济发展表明这些公司必须从国外寻求长期增长。中国中车由中国南车和中国北车合并而成，可以更有力地与国际企业竞争，能够精简业务结构，降低研发、销售和生产成本。里昂证券表示，中国领导层的推广将有助于在短期内加快获得现有海外铁路项目的新订单，而新的铁路项目将有助于带来长期的设备需求。这家占主导地位的铁路设备供应商2016年新增订单增长惊人，达到47%，并在美国获得备受瞩目的地铁市场。中国中车在海外发达市场持续增长的市场份额，证明该企业在产品质量和服务方面极有竞争力。这将使该公司立于不败之地，因为与"一带一路"倡议相关的政府间合作的铁路项目已从2017年开始投入运营。因此，尤其在中国中车是国企的情况下，欧盟将其不断增强的竞争力视为威胁是可以理解的。由于"一带一路"倡议将带来更多的机会，而且中国中车拥有在市场上独自生存的技术能力，"一带一路"倡议应为其投标过程提供完全透明和尽可能包容的平台，以供当地企业进行重要的参与。

2017年1月，从中国义乌开出的货运列车抵达伦敦帕丁顿车站，为新欧亚大陆桥的建成发出了重大消息。新欧亚大陆桥是"一带一路"铁路系统的组成部分，是从中国到欧洲的几条长途货运铁路中的一条，使伦敦成为第 15 个与中国通过铁路连接的欧洲城市。铁路长约 12000 公里，全程行驶约 18 天，是世界第二大铁路货运线路，仅次于长达 12874 公里的义乌—马德里铁路。其他与中国有铁路连接的欧洲城市包括汉堡、鹿特丹、华沙、罗兹等。这条铁路从上海以南的贸易中心义乌出发，经过中国、哈萨克斯坦、俄罗斯、白俄罗斯、波兰、德国、比利时、法国和英国等 9 个城市。由于轨距不同，火车要通过转向架交换，或将集装箱重新装到连接轨距的车厢上。这些铁路都是大量投资铁路以作为新丝绸之路的基本结构的例子。这条由"一带一路"倡议发起的铁路建设周期，为另一个关键参与者提供了重要的海外启动机会——中国中铁股份有限公司，该集团拥有具有里程碑意义的海外铁路项目：匈牙利—塞尔维亚铁路、雅加达—万隆高铁、中老铁路和俄罗斯高铁。该集团已加入由泰国一流饲料和食品企业集团——正大集团牵头的一个联盟，来竞投建设泰国 70 亿美元的高速铁路项目。该项目隶属东部经济走廊发展项目，将连接三个主要机场。中国中铁拥有一家高科技子公司，是全球最大的铁路连接、钢结构制造商和第二大盾构隧道掘进机制造商。中国中铁可利用其在制造上的优势，提高建筑工程的效率，增加盈利能力，从而在海外市场上获得竞争优势。

在所有这些大型企业中，中国交通建设股份有限公司在海外的曝光率最高，应该会成为"一带一路"倡议建设项目中的最大受益者。该公司2016年海外新增订单的年增长率为51%，开启了随后的增长势头。2014—2016年期间，中国在20多个"一带一路"倡议参与国建设了56个经济合作区，旨在吸引中国公司在投资海外时选择这些合作区进行投资。所有这些因素都为像中国交建这样的建筑公司提供大量的建设项目，进行向海外扩张。中国承包商过去通常通过公开招标方式参与全球承包，这样会带来各种风险。与过去不同，现在这些企业可以成为政府间合作项目的联合企业成员，降低地缘政治风险。

由于基础设施对发展至关重要，因此，在"一带一路"的框架内，应优先考虑增加对这一部门的投资。在联合国看来，基础设施从本质上讲，由于社会和政治上的优先性，经常受到公众的干预。正如我们在讨论中国的案例时所言，当涉及的企业是国企时更是如此。投资者通常认为基础设施属于高风险投资，特别是在债务负担沉重的发展中国家的投资。在建设泛亚基础设施网络时，可能需要支持构成新丝绸之路拼图的国家与地区，但必须仔细权衡有形和无形的风险——主要是和政治、债务有关的问题。

"一带一路"倡议的参与国至少应在三个领域中认识到要选择与自己发展战略有关的基础设施投资类型。

第一，对规模较大的外国承包商和规模较小的国内企业之间讨价还价能力平衡的关切可能会带来严厉的监管框架，以确保有效监督企业运营，为公共利益提供基础设施服务。外国承包商与发展中国家监管机构之间的信息不对称，可能会是有效监管的一个重要障碍。监管制度也可能屈服于官僚、机构和被监管行业的大公司等既得利益集团的"规制俘获"。监管权力集中在官僚和政客手中可能会导致滥用职权谋取私利，而非为公众服务。我们已经列举了几家来自中国的大型国有基础设施公司，但还有更多的公司参与"一带一路"倡议的项目周期。因此，最重要的是，这些主要参与者不应在发现自己身处困境时，做出任何有可能扭曲这些地方在监管制度上的努力。另一方面，东道国也不应允许过度监管转移人们对监管制度真正目的关注，因为监管制度的目的是为公共利益而非为其他目的服务。

第二，除了体制和监管框架外，对基础设施的投资还应得到东道国与外国投资者之间可信的合同支持。合同应该基于能够反应每个项目的具体要求和缔约方意向的协议。风险分配是谈判合同的一个关键领域，因为项目的周期可能相当长，在项目执行期间可能出现危险因素，例如政策、人口和技术方面的变化。特别是在不能保证政策或政治连续性的情况下，最需要分配风险因素，以减轻对协议任何一方的损害。"一带一路"倡议的发展中国家成员可能需要向世界银行集团和区域开发银行等国际机构寻求法律咨询意见。不过最好是倡议能够通过发展自己的专业知识来满足对专门法律意见的需求，帮助各国处理基础设施投资在法律上的问题。

第三,"一带一路"倡议的基础设施项目应考虑关键的社会目标,例如:使穷人能普遍获得并负担得起公共服务,进而提高项目的社会价值。长期以来,联合国一直强调穷人对清洁用水的可得性(《2030年议程》目标6:确保所有人享有水和环境卫生,实现水和环境卫生的可持续管理),因此水资源基础设施的社会意义特别重大。尽管"一带一路"倡议尚未广泛参与水资源项目,但也应该准备考虑倡议其他项目的社会影响。例如,对任何项目可能有用的是通过正确理解项目进程并考虑穷人的意见来建立公众的支持。

(六)由于中国国内改革议程尚未完成,全球贸易限制措施的压力不断增大,新丝绸之路计划在一定程度上受到中国国内因素的驱动,这是自然的,也是可以理解的。

第一,中国是世界最大的矿产资源进口国和最大的能源消费国。"一带一路"倡议下属的几个管道项目旨在促进安全保障,提供海上路线以外的替代能源路线。中国作为商品消费大国,在商品市场上对商业周期中起着举足轻重的作用。为减少商品供应和价格的波动,中国一直在大量对外投资以获取能源。对拥有海外资源网络的不利因素已经提出警告,因为这可能会在政治上和当地引起不满情绪,适得其反。正如我们在前一章节所解释,为消除部分对倡议的恐惧和误解,"一带一路"倡议必须建立信任机制,这样才能具有真正的包容性和互惠性。

第二，中国要成功地管理制造业重组，提升技术水平、减少钢铁、建筑业和可再生能源等行业的产能过剩，就需要将部分生产设备转移到国外。我们已经讨论过数家大型工程、承包商、建筑企业的海外扩张，这些企业可能面临的问题和如何应对这些问题，以及面对发达国家严重的贸易报复时，中国可能需要加快别的对外投资。中国了解海外投资的困境，因此在经济带沿线建设了大量的经济合作区，以确保为中国企业创造透明、可信的氛围。这些合作区的效用在过去得到很好证明，现在正被东南亚国家逐渐接受。为包容性经济的利益起见，这里要注意的是，合作区的飞地性质可能会带来与当地经济的一定疏离，甚至会产生怨恨。"一带一路"倡议应确保合作区有合适的构成部分，能跟当地经济很好地结合。

第三，人民币的国际化程度代表着全球对中国经济地位提升的认可度。人民币国际化进程加速始于 2009 年，当时中国启动了点心债券市场，并扩大了跨境贸易人民币结算试点项目，这有助于建立离岸人民币流动资金池。自 2015 年以来，人民币成为第二大贸易和服务货币，并在 2016 年加入国际货币基金组织的特别提款权篮子，这是中国经济融入全球金融体系的重要里程碑。有了对人民币的认可，世界各国央行就有理由将人民币纳入其外汇储备。人民币国际化和外汇改革正在迅速发展，完全可兑换有望早日实现。现在世界各地的银行都有人民币结算中心。石油公司越来越多地使用人民币结算以抵消美元波动带来的风险。预计通过"一带一路"倡议项目融资的增长,人民币的影响将更加明显,因为会有更多人购买中国制造的资本货物。虽然在贸易和金融领域人民币还需要很长一段时间才能成为全球主要货币,但对亚洲而言,应该充分认识到人民币的重要性。例如,人民币可以和日元一起承担帮助支持清迈倡议多边化和运作的角色。与此同时,亚洲应开始严肃考虑建立汇率行为准则机制,以确保亚洲货币更加稳定,这会有利于扩大亚洲内部贸易。

第四,由于"一带一路"倡议会推动中国各边境地区的贸易和投资,参与贸易的程度应该能促进更多投资,进而增加偏远地区的收入。"一带一路"倡议可以通过增加边境两侧的贸易创造生产性发展实现一个重要目标,即:提高偏远地区收入以缩小与内地和沿海较繁荣地区之间的差距。"一带一路"沿线地区社会的参与,而不仅仅是线路起始点的参与,对帮助确定适合当地需要的生产活动类型至关重要。建立经济合作区可以吸引投资,但合作区可以是自由的,和地方特性没有经济联系。铺设石油和天然气管道能促进各国在收入和投资方面的宏观经济利益,但对管道沿线的生活影响不大。只有当这些基础设施项目的收益和当地人民的生活息息相关时,项目才能变得更具包容性。例如,有条件的基础设施投资可以附加这样的要求:随着公路和铁路的建设,可能必须同时规划支线道路,而且随着管道的铺设,应该在沿线建立发电厂,为农村社区供电。

(七)古丝绸之路,除了建立贸易关系外,还是传播文化和哲学的渠道,新丝绸之路也应以文化建设为基础,增进人与人之间的了解。亚洲文化遗产的价值观和哲学,有助于人们进一步接受多元化全球趋势。例如,人们认为儒家的职业道德是东亚经济崛起的原因。虽然现代西方经济学家倾向把这种职业道德视为纯粹的汗水劳作,没有带来灵感和启发,也没有提高所谓的全要素生产率,但是亚洲的职业道德为稳定纪律严明的宏观经济奠定了基调,并节省了大量资金——这是亚洲经济方式一大特征。儒家思想和亚洲社会的核心价值观特别强调家庭和社会和谐的重要性,而不是精神价值的超凡脱俗。儒家思想注重在有道德组织的世界中培养美德——维护正义、多行善举,这可以成为"一带一路"连接的良好基础。中国几位哲学家进一步拓宽了对儒家精神的认识,并在一些亚洲社会广泛实践,在这里我们想对本章开始的几句话进行补充,把孔子和另一位伟大的哲学家孟子联系起来,重申将儒家仁义道德观应用到治理平台再恰当不过。孟子特别强调政策美德——政策的首要目的旨在向"无助"的人提供支持和救助。现今全球治理失灵,比以往任何时候都更需要仁政。"一带一路"倡议"命运共同体"的本质,应该能让成员国尽可能多地积极参与倡议,并使决策过程建立在受援国与东道国充分对话的基础上。

除了古老的东亚哲学,值得注意的是,随着世界银行年度全球幸福报告的发布，不丹提出的国际幸福总指数中所体现的南亚智慧已被提升到全球范围。决定幸福水平的六个关键因素是收入、健康预期寿命、社会支持、自由、信任和慷慨。人民最幸福的国家并不总是最富有的国家，而是为改善生活提供更平衡的社会和体制支持的国家。对全民幸福影响重大的社会因素是以和亚洲相同的价值观为基础的，即家庭关系团结和睦。据说亚洲的大家庭制度一向被认为是亚洲社会的真正社会保障。不过，世界银行的幸福排名仍与国家财富的排名密切相关。另一方面，不丹国民幸福总指数的测量更为详尽，包括九个领域，如心理监控、文化多元性、社会活力和善政。不丹的幸福目标和佛教对幸福的理解都比西方文学对幸福的理解更广泛。

不丹以佛教为基础的幸福哲学与泰国已故国王拉玛九世在1974年提出的另一种哲学比较接近。拉玛九世国王提出的"适度经济哲学"为基于无限欲望和贪婪的市场资本主义提供了平衡。适度经济哲学建议通过以适度、理性和谨慎原则作为基于诚实、学问和美德的发展框架，寻求中间道路。适度经济哲学将可持续性作为核心论点，提出的方法有别于短期主义、利润最大化的市场资本主义方法。在1997—1998年亚洲金融危机期间，拉玛国王在1997年生日之际向全国发表的讲话中重申了这一理念的价值，防止国家实施可能导致严重负债的过于宏大的发展目标。在社会层面的应用上，适度经济哲学提供了基于生态平衡和节俭生活方式的更稳健的耕作方法，以避免家庭债务过多。观念不会妨碍一个经济体加入全球体系，但是承诺加入未知的潮流之前，建议谨慎行事、全面了解。亚当·斯密出版杰作《国富论》前十多年出版了《道德情操论》。实际上，《道德情操论》描述经济科学的基本哲学时，也提到了与泰国适度经济哲学的基本前提类似的内容。亚当·斯密认为，人性中好的品性，如同情、谨慎、慷慨、公共精神和诚实，最终会使放任主义制度运行良好。适度经济哲学也暗示了几乎完全相同的人性品质。为了带领全球社会实现更包容性的增长，"一带一路"倡议应本着适度经济哲学的"适度精神"得到良好的服务。

　　本书第一章开始的旅程带我们经历了多重的挑战、危机、考验和磨难。全球化带来了全面的变革力量，有时让世界变得更好，有时更坏。但是，通过一些正式的和不那么正式的全球治理与合作机构，各国聚集在一起，共同承担起推动变革的集体责任，使之尽可能造福人类。我们虽然并不总是成功，但还是取得了实质性进展。我们需要让世界保持开放，消除贫穷、不平等，并与反对多边主义的顽固力量做斗争。我们需要有能力寻找并重新定义可行的全球治理，让每个国家分享决定我们共同命运的事务。"一带一路"倡议的运行和作用在一定程度上会诠释亚洲的崛起，但这并不意味亚洲会称霸，因为亚洲的核心价值是慈悲为怀、重视可持续性。真正的目的是在全球层面引入并稳固建立"仁政"，并强烈希望仁政之路能带来包容性的发展和包容性的全球化。

为再次肯定我们的观点，让我们引用习近平主席在2018年博鳌论坛演讲中的一段话作为结论：

5年前，我提出了共建"一带一路"倡议。5年来，已经有80多个国家和国际组织同中国签署了合作协议。共建"一带一路"倡议源于中国，但机会和成果属于世界，中国不打地缘博弈小算盘，不搞封闭排他小圈子，不做凌驾于人的强买强卖。需要指出的是，"一带一路"建设是全新的事物，在合作中有些不同意见是完全正常的，只要各方秉持和遵循共商共建共享的原则，就一定能增进合作、化解分歧，把"一带一路"打造成为顺应经济全球化潮流的最广泛国际合作平台，让共建"一带一路"更好造福各国人民。

附录：词汇表

原文	译文	备注
the Belt and Road Initiative	"一带一路"倡议	BRI
Accra UNCTAD XII（2008）	2008年阿克拉联合国第十二届贸发大会	
Davos 2017	2017年达沃斯会议	
the Global South	全球南方	
retreat from globalisation	全球化退潮	
Stephen S. Roach	史蒂芬·罗奇	
IMF	国际货币基金组织	
Accession to the WTO	入世	
Supachai Panitchpakdi	素帕猜·巴尼巴滴	
Mark L. Clifford	马克·克利福德	
legal infrastructure	法律基础设施	
Special Drawing Rights	特别提款权	SDR
Joseph Stiglitz	约瑟夫·斯蒂格利茨	
Asian Infrastructure Investment Bank	亚洲基础设施投资银行	AIIB

续表

原文	译文	备注
United Nations Conference on Trade and Development	联合国贸易和发展会议，可简写为贸易发展会议	UNCTAD
General System of Trade Preferences	普及特惠税制度	GSTP
Peter Frankopan	彼得·弗兰克潘	
Knox d'Arcy	威廉·诺克斯·达尔西	
Doha Round of negotiations	多哈回合贸易谈判	
the Information and Communication Technology	信息和通信技术	ICT
Efficient Market Hypothesis	有效市场假说	
Washington Consensus	华盛顿共识	
Gordon Brown	戈登·布朗	
Vision 2020	马来西亚2020年宏愿	
Ha-Joon Chang	张夏准	
Karl Polanyi	卡尔·波兰尼	
"Made in China 2025"	《中国制造2025》	
Eastern Economic Corridor	泰国东部经济走廊	EEC

"一带一路"倡议：
通往发展主导的全球化之路

续表

原文	译文	备注
Stiglitz Report 2009	《斯蒂格利茨报告2009》	
United Nations Economic and Social Committee	联合国经济及社会理事会	ECOSOC
Mervyn King	默文·金	
New Development Bank	新开发银行	（NDB）
Contingent Reserve Arrangement	应急储备基金	CRA
Multilateralised Chiangmai Initiative	清迈倡议多边化协议	MCI
United States–Mexico–Canada Agreement	美国—墨西哥—加拿大协议	USMCA
North-America Free Trade Agreement	北美自由贸易协议	
Trans-Pacific Partnership	跨太平洋伙伴关系协定	TPP
World Economic Forum	世界经济论坛	WEF
ASEAN Economic Community	东盟经济共同体	AEC
Regional Comprehensive Economic Partnership	区域全面伙伴关系协定	RCEP

续表

原文	译文	备注
Free Trade Area of the Asia-Pacific	亚太自由贸易区	FTAAP
2030 Agenda: Transforming Our World	《变革我们的世界：2030年可持续发展议程》	
King Rama IX	泰国国王拉玛九世	
net happiness index	幸福净指数	
Niall Ferguson	尼尔·弗格森	
"The War of the World"	《世界战争》	尼尔·弗格森所著
Antonio Guterres	安东尼奥·古特雷斯	
Global New Deal	"全球新政"	
Sustainable Development Goals (2015—2030)	《可持续发展目标（2015—2030）》	SDG（2015—2030）
UN Millennium Development Goals (2000—2015)	《联合国千年发展目标（2000—2015）》	
Doha Development Agenda	多哈发展议程	DDA
Trans-Atlantic Trade and Investment Partnership	跨大西洋贸易和投资伙伴协议	TTIP

续表

原文	译文	备注
Transpacific Partnership	跨太平洋伙伴关系协定	TPP
Comprehensive and Progressive TPP	全面与进步跨太平洋伙伴关系协定	CPTPP
Free Trade Area of Asia and Pacific	亚太自由贸易协定	FTAAP
Asia Pacific Economic Cooperation	亚太经济组织	APEC
ASEAN Economic Community	东盟经济共同体	AEC
single-undertaking	单一承诺	
July 2004 Framework Agreement	《多哈回合框架协议》	
Trade-Related Intellectual Property Rights Protection Agreement	《与贸易有关的知识产权协定》	TRIPS
sector 301	美国301条款	
Least Developed Countries	最不发达国家	LDCs
Special and Differential Treatment	特殊与差别待遇	SDT
duty-free quota-free	免税免配额	DFQF
Peter Sutherland	彼得·萨瑟兰	
Dispute Settlement Body	争端解决机构	DSB

续表

原文	译文	备注
Faizel Ismail	法扎尔·伊斯梅尔	
International Trade Organization	国际贸易组织	ITO
James Wolfensohn	詹姆斯·沃尔芬森	
The University of Warwick	华威大学	
aid-for-trade (AfT) initiative	促贸援助（AfT）倡议	
PTAs	特惠贸易协定	
RTAs	区域贸易协定	
Paul Samuelson	保罗·萨缪尔森	
Larry Summers	劳伦斯·萨默斯	
Devesh Kapur	德夫什·卡潘尔	
Pratap Mehta	普拉塔普·巴努·梅赫达	
Arvin Subramanian	阿文德·苏布拉马尼亚姆	美国圣母大学研究生院主任
Lawrence Marsh	劳伦斯·马希	
Jim O'Neill	吉姆·奥尼尔	高盛集团
International Labour Organisation	国际劳工组织	ILO

续表

原文	译文	备注
the Global Jobs Pact	全球工作协定	https://www.ohchr.org/CH/NewsEvents/Pages/DisplayNews.aspx?NewsID=14337&LangID=C
race to the bottom	逐底竞争	
Francis Fukuyama	弗朗西斯·福山	
Craig Calhoun	克雷格·卡尔霍恩	伦敦政经学院院长（London School of Economics and Political Science）
George Soros	乔治·索罗斯	
Bill Emmott	比尔·埃马特	
Bretton Woods institutions	布雷顿森林体系机构	
Trade and Development Report (TDR) 2018	《2018年贸易和发展报告》	TDR 2018
global value chains	全球价值链	GVCs
export processing zones	出口加工区	EPZs
CLSA	里昂证券	

续表

原文	译文	备注
NAFTA	《北美自由贸易协议》	
USMCA	《美国—墨西哥—加拿大协议》	
Shanghai Five Process	上海五国进程	
Shanghai Cooperation	上海合作组织	SCO
David Howell	大卫·豪厄尔	英国议会上议院国际关系委员会主席 http://world.chinadaily.com.cn/2017-05/02/content_29171021.htm
the Silk Road Fund	丝绸之路基金	
Kofi Annan	科菲·安南	
Jan Tinbergen	扬·廷贝亨	
the Development Decades	"发展十年"	
the New International Economic Order	"国际经济新秩序"	

参 考 文 献

[1] 斯蒂芬·罗奇. 虚假繁荣的风险：中国、美国和新全球化 [J]. 摩根士丹利，2011-4-18.

[2] 同上，第 4 页。

[3] 素帕猜·巴尼巴滴，马克·L·克利福德. 中国与世贸组织：变革的中国改变世界贸易 [J]. 约翰·威利父子亚洲股份有限公司，2002：140.

[4] 约瑟夫·斯蒂格利茨. 全球化及其不满 [M]. 艾伦·莱恩企鹅出版社，2002：20.

[5] 2030 年的中国：建设现代、和谐、有创造力的社会 [R]. 中华人民共和国国务院发展研究中心与世界银行，2013.

[6] 同上，第 22 页。

[7] 见联合国贸发会议秘书长报告. 全球化给发展带来的机遇和挑战 [R]. 纽约和日内瓦：第十二届贸发大会，2007.

[8] 彼得·弗兰克潘. 丝绸之路：一部全新的世界史 [M]. 布卢姆斯伯里出版社，2015：509.

[9] 约瑟夫·斯蒂格利茨. 全球化及其不满 [M]. 艾伦莱恩企鹅出版社，2002：157.

[10] 同上，第 221 页。

[11] 张夏准. 全球化、经济发展和国家的作用 [M]. Zed Book,

Third World Network, 2003: 91.

[12] 卡尔·波兰尼. 大转型 [M]. 波士顿灯塔出版社, 1957.

[13] 联合国大会主席国际货币与金融体系改革专家委员会报告 [R]. 纽约：联合国世界金融和经济危机及其对发展影响高级别会议, 2009-6-24/25/26：（72）.

[14] 同上, 第 76 页.

[15] 默文·金. 金融炼金术的终结：货币、银行与全球经济的未来 [M]. Abacus 出版社, 2017: 351.

[16] 中华人民共和国主席习近平在达沃斯世界经济论坛 2017 年年会开幕式上的主旨演讲, 参见第 1 页.

[17] 中华人民共和国主席习近平."中国发展的新起点：全球增长新蓝图". 二十国集团峰会. 杭州. 2016-9-3.

[18] 尼尔·弗格森. 世界的战争：历史的仇恨年代 [M]. 企鹅出版社, 2007.

[19] 同上, 导言第十二页。

[20] 同上, 第 607 页。

[21] 同上, 第 644 页。

[22] 贸发会议秘书长报告. 以发展为导向的全球化, 走可持续和包容性的发展道路 [R]. 第十三届联合国贸发会议, 2011: 83-106.

[23] 世贸组织总干事素帕猜·巴尼巴滴顾问委员会报告. WTO 的未来：应对新千年的体制性挑战 [R]. 2004.

[24] 法扎尔·伊斯梅尔. 改革世界贸易组织：多哈回合中的发展中成员 [J]. 斋浦尔：国际削减组织，2009.

[25] 同上，第 114 页。

[26] 沃里克委员会. 多边贸易制度的前进之路在何方 [R]. 沃里克大学，2007.

[27] 贸易封锁 [J]. 经济学人，2018-7-21（17）.

[28] 劳伦斯·H·萨默斯. 美国需要创造新的贸易案例 [N]. 金融时报，2008-4-28.

[29] 同上。

[30] 德维什·卡普尔，普拉塔普·梅塔，阿文德·萨勃拉曼尼亚. 拉里·萨默斯是矿井中的金丝雀吗 [N]. 金融时报，2008-5-14.

[31] 以上观点均发表于 2008 年 5 月 12 日《金融时报》的经济学家论坛版块。

[32] 劳伦斯·H·萨默斯. 全球化急需重启 [N]. 2017 年全球议程. 纽约时报国际版，2016-12-6.

[33] 弗朗西斯·福山. 反自由主义者的吸引力 [N]. 2017 年全球议程. 纽约时报国际版，2016-12-6.

[34] 克雷格·卡尔霍恩. 英国脱欧是对精英阶层的反对 [N]. 曼谷邮报，2016-7-2.

[35] 比尔·艾莫特. 西方的命运：拯救西方最成功的政治理念之战 [J]. 经济学人，2017.

[36] 比尔·艾莫特. 新世界秩序[N]. 金融时报, 2017-3-18/19.

[37] 2018年贸易和发展报告: 权力、平台和自由贸易幻觉[R]. 联合国贸发会议, 2018: 59.

[38] 同上, 第60页。

[39] 同上, 第52页。

[40] 2018年第四季度审查和资产配置[N]. 里昂证券, Asia Maxima季度报告.

[41] 同上, 第7页。

[42] 同上, 第7页。

[43] 戴维·豪厄尔. 认真对待上合组织[N]. 日本时报, 2018-6-7.

[44] 同上。

[45] 托马斯·G·韦斯等. 联合国之声: 发展和社会正义的斗争[M]. 印第安纳大学出版社, 2005: 207.

[46] 同上, 第285页。

[47] 冈纳·缪尔达尔. 亚洲的戏剧: 对一些国家贫困问题的研究[M]. 纽约: 二十世纪基金组织, 1968.

[48] 世界银行. 东亚奇迹[R]. 华盛顿特区: 1993.

[49] 联合国贸发会议. 1981-2011年贸易和发展报告: 思想发展的三十年[R]. 2012: 42.

[50] 习近平. 通过区域贸易实现双赢增长[R]. 载于《共创亚洲新未来: 新世纪愿景》, 弗兰克·里克特, 马家敏(编辑).

新加坡：约翰·威利父子亚洲股份有限公司，2002：249-253.

[51] 同上，第 280 页。

[52] 同上，第 252 页。

[53] 同上，第 252 页。

[54] 劳伦斯·R·克莱因. 南亚和东亚：引领世界经济 [R]. 日内瓦：贸发会议第 13 届会议. 2005-11-2.

[55] 同上，第 4 页。

[56] 同上，第 7 页。

[57] 亚行知名人士小组. 新亚洲、新亚洲开发银行 [R]. 2007-3.

[58] 贾格迪什·巴格沃蒂，阿尔温德·帕纳格里亚. 增长为什么重要 [M]. 美国：Public Affairs 出版社，（9）.

[59] 同上，第十五页。

[60] 托马斯·皮凯蒂. 二十一世纪资本论 [M]. 贝尔克纳普出版社，2014.

[61] 布兰科·米拉诺维奇. 历史上和新时代由数量造成的全球收入不平等概览 [R]. 罗马：全球正义会议，2012.

[62] 同上，第 18 页。

[63] 贸发会议. 2018 年贸易和发展报告：权力、平台和自由贸易幻觉 [R]. 联合国，2018：50.

[64] 亚行. 2020 战略：亚洲开发银行 2008-2020 年长期战略框架 [R].

[65] 2008年贸发会议. 2008年世界投资报告：跨国公司与基础设施的挑战[R]. 联合国. 纽约, 日内瓦.

[66] 同上, 第120页。

[67] 素帕猜·巴尼巴滴. 绿色经济与发展中国家：实现以发展为中心的包容性过渡[R]. 贸发会议. "向里约+20峰会进发", 2011-11：（2），1-9.

[68] 亚洲及太平洋：稳定并超过其他地区[R]. 华盛顿特区：国际货币基金组织. 2015.

[69] 莉莉, 奥利弗·卡多特. 一体化程度更高的东盟：促进货物贸易[R]. 载于《东盟经济共同体：迈向2025年及以后》, 丽贝卡·斯塔·玛丽亚等（编辑）. ASEAN@50. ERIA, 2017：（5）100-127.

[70] 彼得·卡罗尔, 德里克·吉尔, 小庞西亚诺·英大乐. 东盟监管改革的必要性和未来展望[R]. 丽贝卡·斯塔·玛丽亚等（编辑）, 同前, 2017：159-183.

[71] 丽贝卡·斯塔·玛丽亚等（编辑）, 第37页。

[72] 乘浪前行：21世纪东亚奇迹[R]. 东亚和太平洋地区. 世界银行, 2018.

[73] 张云玲、王玉珠. 中国大战略中的东盟[R]. 丽贝卡·斯塔·玛丽亚等（编辑）, 同前, 参见第159页。

[74] 同上, 第163页。

[75] 中国的海外港口帝国正日益扩大, 但其主要目的是贸易而

非入侵[J]. Economist.com. 经济学人, 2013-6-8.

[76] 伯纳德·古尼蒂勒克. 中国"一带一路"和斯里兰卡经济发展计划[M]. The Island, 2017-9-12: 3.

[77] 彭文生. 一带一路：走向命运共同体[J]. 中信证券, 2015.

[78] 罗伯特·卡普兰. 马可波罗世界的回归：二十一世纪的战争、战略和美国利益[M]. 兰登书屋出版社, 2018.

[79] 詹姆斯·克拉布特里. 新世界的失序[N]. 金融时报, 2018-6-2/3: 8.

[80] 乔纳森·希尔曼. 中国在犯价值万亿美元的错误吗[N]. 华盛顿邮报, 2018-4-8.

[81] 同上。

[82] 川岛真. "一带一路"给中国邻国带来的风险[J]. 外交官杂志, 2018-4-23.

[83] 彼得·弗兰克潘. 新丝绸之路：世界的现在和未来[M]. 伦敦：布卢姆斯伯里出版社, 2018: 181.

[84] 中国主席习近平在2018年达沃斯论坛上的讲话, 同前。

[85] 联合国亚太经社会. 亚洲及太平洋执行2030年可持续发展议程区域路线图[R]. 亚太可持续发展论坛, 2017.

[86] 中尾武彦. 确保大湄公河次区域未来的繁荣[N]. 人民日报, 2018-3-30.